AF453492

DESCRIPTION

HISTORIQUE

ET

GEOGRAPHIQUE

DES PLAINES

D'HELIOPOLIS

ET

DE MEMPHIS.

A PARIS,

Chez { BRIASSON, à la Science : & DUCHESNE, au Temple du Goût. } rue Saint Jacques.

M. DCC. LV.

Avec Approbation & Permission.

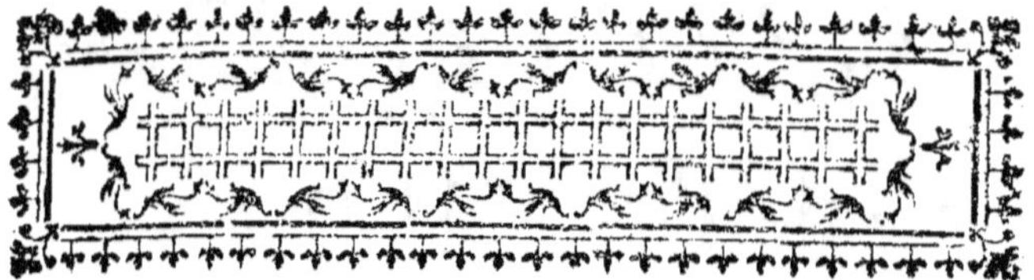

A MONSEIGNEUR

LE COMTE

D'ARGENSON,

MINISTRE

ET SECRETAIRE D'ETAT.

ONSEIGNEUR,

Je prends la liberté de vous offrir cette production, qui doit principalement sa naissance à l'empressement que j'ai toujours eû de me montrer digne des bontés dont vous daignez m'hono-

rer. Aussitôt que je me suis vu
de retour en France, mes premiers soins ont été de vous rendre compte des travaux dont je
m'étois occupé pendant tout le
tems de mon séjour en Egypte:
tous foibles qu'ils me parois-
soient pour mériter votre attention, ils me procurerent néan-
moins de votre part un accueil
beaucoup plus favorable, que je
n'osois l'espérer. J'éprouvai alors
combien les Arts en général ont
besoin, pour être encouragés,
de la protection d'un Ministre,
qui comme vous, sente le prix de
leur utilité. C'est d'elle aussi
qu'ils empruntent tout leur lus-
tre. Y a-t-il quelqu'un de dis-
tingué par ses talens, que ne

prévienne la juste dispensation des graces que vous accordez au nom du Souverain, dont vous justifiez le choix par la sagesse de votre administration. Comme elle seule est capable de réunir les intérêts de partis si différens, & pour ainsi dire opposés les uns aux autres, elle seule est capable de les satisfaire également. C'est sur vos soins qui pourvoyent à tout, que l'homme de guerre, ainsi que l'homme de Lettres, fonde le bonheur de son état. Tous deux ne sçauroient trop louer cette prévoyance, & cette activité dont ils vous voyent chaque jour donner des marques, en préparant les moyens d'assurer leur fortune. Les effets de

vos bontés se sont trop manifes-
tés en ma faveur, pour en per-
dre jamais le souvenir. Lors-
qu'il s'agit de leur payer le tri-
but qu'ils exigent de ma recon-
noissance, les termes me man-
quent, & je crains qu'ils n'af-
foiblissent ce que mon cœur vou-
droit exprimer. Souffrez donc,
MONSEIGNEUR, que lui seul vous
témoigne l'hommage sincere &
respectueux, que je rends à tant
de belles qualités, qui ne vous
font pas moins admirer que ché-
rir des personnes assez heureuses
pour vous approcher. Quoique
je fusse trop convaincu de la
foiblesse de mes talens pour rem-
plir dignement votre attente ;
toutefois, dès que l'arrangement

de quelques affaires domeſtiques,
qui ſe reſſentent touojurs d'une
longue abſence, m'eut permis de
me livrer entierement à mes études familieres ; je me fis un devoir de prouver à Votre Grandeur quel avoit été l'objet de
mes recherches dans le cours de
mon Voyage, en lui préſentant
la Carte Topographique que j'a-
vois dreſſée des Plaines d'Héliopolis & de Memphis. Mais
je n'aurois crû lui rien offrir que
d'imparfait, ſi je n'y avois joint
la Deſcription néceſſaire de tout
ce qu'elle contenoit. C'eſt ce
dont je me ſuis acquitté dans ce
petit Ouvrage, dont j'ai crû
pouvoir ſoumettre le ſort au jugement du Public, puiſque je le

destinois à l'honneur de mériter votre suffrage. Je ne sçaurois le dédier, quelque médiocre qu'il soit, à plus juste titre, qu'à *Vous*, Monseigneur, sous les auspices de qui je l'ai entrepris. Je sens tout le besoin qu'il a de votre indulgence : persuadé, que si vous daignez la lui accorder, j'obtiendrai plus aisément celle du Public. Je me croirai trop récompensé de mes peines, si j'ai le bonheur de ne m'être point trompé dans mon attente.

Je suis, avec le plus profond respect,

MONSEIGNEUR,

De Votre Grandeur,

Le très-humble & très-obéissant Serviteur, FOURMONT, Interpréte du Roi, pour les Langues Orientales.

PRÉFACE.

'Ouvrage que je donne au Public est le fruit de quelques-unes des observations que j'ai eû occasion de faire pendant un assez long séjour en Egypte. Les personnes qui se plaisent à approfondir dans leur cabinet l'Histoire des anciens peuples, sentent souvent combien il est utile, pour en acquérir une parfaite connoissance, de parcourir les Pays que des célebres nations ont autrefois habités. En effet, y a-t-il de moyen plus propre à s'assurer de la position & de la grandeur des anciennes

Villes, que d'examiner fur les lieux mêmes, celles qui fubfiftent de nos jours, afin de comparer leur état pré-fent, avec la defcription que les Auteurs de l'antiquité nous en ont laiffée de leur tems? C'eft par-là qu'on fe met à portée de juger plus fû-rement de la vérité de leur récit; quand les changemens qu'une longue fuite d'années a coûtume d'occafionner, n'ont pû venir à bout de ren-dre ces Contrées tout-à-fait méconnoiffables aux yeux de quiconque cherche à diftin-guer les reftes de leur pre-miere fplendeur. On ne fau-roit nier que ces fortes de re-

cherches ne concourent à perfectionner l'étude de la Géographie, par les nouvelles lu-
mieres qu'elle en reçoit. Ce
n'eſt pas le ſeul avantage qui
en reſulte : on a encore celui
de découvrir une infinité de
monumens antiques, que renferment les décombres de pluſieurs de ces Villes, qui n ont
aujourd'hui rien de fameux
que leurs débris. Quoique la
plûpart ſoient défigurées par
le grand nombre de ſiécles
qui ſe ſont écoulés , cependant ils ſuffiſent pour nous
retracer une idée de tout ce
qu'on a dit de leur célebrité
paſſée. Qui ignore le profit
que l'on peut tirer des inſcrip-

tions & des bas-reliefs, dont
ils font chargés ? outre les
médailles que l'on vient à dé-
terrer des ruines où elles font
enfouies. Ces rares découvertes contribuent à confirmer
la certitude du rapport de nos
anciens Hiftoriens, fur bien
des faits qu'ils racontent, à
éclaircir certains points de
leur narration, qui ne paroiffent point affez développés,
ou à conftater des évenemens
qui ont échappé à leur plume. J'ajoûterai à ces confidé-
rations, qui font purement du
reffort d'un antiquaire, une
autre peut-être plus impor-
tante, comme capable d'in-
téreffer le commun des hom-

mes. C'eſt non-ſeulement de
s'inſtruire en qualité de té-
moin oculaire , des uſages
du Commerce, de la forme
du Gouvernement & encore
plus du caractere des Peuples :
mais lorſqu'une lecture com-
binée nous a mis en état de
connoître quels ils ont été
dans des tems plus reculés ,
c'eſt de les rapprocher, pour
ainſi dire, d'eux-mêmes, ſous
un ſeul point de vûe, malgré
l'intervale des ſiécles qui les
ſépare. De là naît la compa-
raiſon qu'on vient à faire de
leurs mœurs actuelles avec
leurs mœurs paſſées : compa-
raiſon qui engage à pénétrer
les motifs de la différence ,

qu'une altération fenfible a pû y apporter, & qui fert à prouver qu'elles font fujettes aux mêmes revolutions que les Empires.

Dès qu'on envifage ces objets, quoique préfentés d'une maniere générale, il n'y a perfonne qui ne reconnoiffe l'utilité des Voyages. Ma propre expérience m'en avoit déja convaincu, lorfque je fis celui de la Grece pendant les années 1729. & 1730. avec feu M. l'Abbé Fourmont mon oncle, avec qui j'eus le bonheur de me voir affocié. Nous l'entreprîmes par l'ordre de Sa Majefté, qui, (fans parler ici des autres vertus dont les

jours de son règne sont mar-
qués) ne cesse d'entretenir les
lettres dans cet Etat florissant,
qu'elles ne lui doivent pas
moins qu'à Louis le Grand ,
son illustre prédecesseur. Nous
eûmes le plaisir de visiter l'un
& l'autre , les Villes les plus
renommées de la Grece, où
nous découvrîmes des mo-
numens très - curieux. Ils
fixerent nos regards moins à
cause de leur beauté , qu'à
cause des instructions que
nous crûmes en pouvoir tirer,
pour l'éclaircissement de quelques circonstances de l'Histoire Grecque. Il s'en trouva
même quelques - uns , qui ,
par leur rareté , nous dédom-

magerent des pénibles foins
qu'il eft inévitable d'employer
dans de femblables recherches., Après avoir formé un
ample recueil de tous les def-
feins que nous eûmes la pré-
caution d'en faire fur les
lieux, & avoir dreffé des Car-
tes Topographiques des endroits les plus remarquables,
où nous avions paffé, Monfieur l'Abbé Fourmont de retour en fa patrie, s'empreffa
de rendre compte du fuccès
de fon Voyage, à l'Accade-
mie de belles-Lettres, dont il
avoit l'honneur d'être mem-
bre. Il en compofa une rela-
tion abrégée, où il entra dans
le détail de quelques-unes de
fes

ſes découvertes. Il la lut en préſence de cette ſavante Compagnie, qui en parût ſatisfaite juſques-là, qu'elle jugea à propos de l'inſérer dans ſes Mémoires. Tels furent les travaux par leſquels je commençai, pour ainſi dire, ma carriere littéraire. Il ne me manquoit encore, pour les perfectionner, que d'entreprendre le Voyage d'Egypte. Monſieur de Lironcourt, que j'ai l'honneur de connoître aſſez particulierement, en ayant été nommé Conſul Général, ſur la fin de l'année 1746 : je ne tardai pas à l'apprendre de quelques-uns de ſes amis, qui avoient auſſi la bonté d'être

b

des miens. Comme ils ne dou-
toient pas que ce Pays si fé-
cond en beaux monumens,
dont les restes ont paru dignes de l'attention des plus
célebres Voyageurs, ne fût capable d'exciter ma curiosité ;
ils me firent sentir qu'il ne
pouvoit se présenter d'occasion plus favorable de la contenter, en sollicitant la permission de suivre Monsieur
de Lironcourt, qui alloit ré-
sider au Grand-Caire. Leurs
avis eurent d'autant moins de
peine à me déterminer, que
cette circonstance m'offroit
les moyens d'abandonner les
lieux qui me rappelloient sans
cesse le souvenir d'un oncle

que j'avois eû le malheur de
perdre depuis peu de tems.
D'ailleurs l'Egypte ayant rempli de sa gloire presque le
monde entier ; j'étois charmé
de pouvoir être à portée de
juger par moi-même de l'état
actuel de cette Contrée. Car
toute différente qu'elle est
aujourd'hui , de ce qu'elle a
été autrefois , je n'ignorois
pas qu'elle conserve encore
des vestiges de son ancien
éclat, si vanté par tant d'E-
crivains éclairés , & devenu
le sujet de l'admiration de
tous les âges. En effet, qu'on
jette les yeux sur ce vaste
Tableau , que nous présente
l'antiquité , on ne verra point

de Peuple qui fasse remonter
son origine plus haut que les
Egyptiens, ni qui ait été plus
jaloux qu'eux d'éternifer sa
mémoire par des monumens
durables : témoins convain-
quans qui déposent de nos
jours jusqu'à quel point ils
avoient cultivé les Sciences,
& quels sont les progrès qu'ils
y avoient faits. On peut même dire qu'elles sont presque
toutes nées dans leur Pays,
d'où elles se sont communi-
quées aux autres nations, qui
ont eû quelque commerce
avec eux. Les Grecs, à qui
nous prodiguons justement
nos éloges, pour les avoir
portées à ce degré de perfec-

tion , en ont puisé les premiers principes chez ces mêmes Egyptiens , qui ont été leurs Maîtres. Aucun de leurs Sages ne croyoient mériter ce nom, que lorfqu'ils étoient parvenu à s'inftruire parmi eux. C'eft un fait fi avéré , que je fuis difpenfé d'en apporter des preuves. Si j'avois tiré des avantages affez confidérables du Voyage de la Grece , celui de l'Egypte , qui poffréde tant de raretés d'un prix ineftimable , me promettoit pour le moins autant de fruit à recueillir de mes recherches. Je favois , à la vérité , que de très-habiles gens, tels que les Bellons , les Thevenots , les

Gréaves , les Pietro de la Vallé , les Wanslebs , & quelques autres avec qui je ne prétends pas me mettre en parallele , pouſſés par des motifs à peu près ſemblables , y avoient voyagé dans les vûes que je viens d'indiquer. Quand on réunit les diverſes relations , que chacun d'eux en particulier a compoſées , pour informer le Public de tout ce que les différens endroits de ce Pays qu'ils avoient parcourus, renferment de curieux , il ſemble qu'il ne reſte plus rien à produire de nouveau ſur cette matiere, que leur récit, ainſi combiné , paroît avoir épuiſée.

Toutefois, dès qu'on se donne la peine de l'examiner attentivement, on s'apperçoit qu'outre qu'il y a certaines choses où leur narration péche par l'exactitude, il y en a d'autres qu'elle a omiles, & sur lesquelles il est évident qu'elle a passé trop légerement, ou qui demanderoient à être mieux expliquées pour une plus grande satisfaction du Lecteur. D'un autre côté ayant l'honneur d'être par un bienfait de Sa Majesté, attaché à sa Bibliotheque, en qualité d'Interprête des Langues Orientales, & sur tout de l'Arabe que j'ai étudié dès mes plus tendres années, sous les yeux de feu M. Fourmont l'aîné, qui la professoit au Collége Royal : c'étoit une raison pour moi de faire le Voyage en question, qui devoit me procurer les moyens de me perfectionner dans l'intelligence de cette Langue, & d'acquérir la facilité de la parler, en fréquentant des Arabes de nation. Ils sont assez nombreux en Egypte, où ils occupent quelques cantons, & habitent principalement les environs du Grand-Caire : ils y entretiennent même des Ecoles où ils s'exercent dans l'art de parler leur langue, avec cette pureté & cette élegance, qui en

constituoient

conftituoient le caractere , lorfque l'Empire des Califes fubfiftoit dans tout fon éclat. C'eft peut - être depuis fon entiere décadence , la feule chofe qui fe foit garantie de l'altération que leurs mœurs ont reçuë de l'ignorance profonde où ils font retombés , en menant leur genre de vie qui leur étoit ordinaire avant Mahomet , leur prétendu Prophête. Cependant il s'en trouve quelques-uns (en petit nombre, je l'avoue,) qui ne font pas auffi étrangers qu'on fe l'imagine, dans les Sciences , où leurs Ancêtres fe font diftingués. C'eft particulierement à la maniere

pure & correcte, dont ils s'ex-
priment , & écrivent dans
leur Langue , qu'elle doit la
conservation de sa beauté. Car
dans le commun usage elle
n'a pû tout-à-fait se préserver
de la corruption qu'y a appor-
tée le mélange des Peuples
qui ont détruit l'Empire de
cette nation adonnée au bri-
gandage.

Je considérois encore l'utilité qui en pouvoit revenir à
la Bibliotheque du Roi, enri-
chie de presque tous les livres
les plus estimés en Orient.
C'étoit contribuer par l'acqui-
sition des Manuscrits qu'elle
n'avoit point en sa possession,
aux nouveaux accroissemens

qu'elle reçoit tous les jours par les foins de ceux que Sa Majefté a chargés de veiller à ce précieux dépôt, fous les yeux de M. Bignon, qui y préfide. Rempli de ces projets, je follicitai vivement la permiffion d'accompagner au Grand-Caire M. de Lironcourt. Je l'obtins facilement par le crédit de M. Bignon, à qui il étoit de mon devoir de les communiquer. Comme il eft toujours porté, à l'exemple de fes illuftres Ayeuls, dont il fuit les traces, à concourir au bien & au progrès des Lettres, il ne manqua pas d'approuver un deffein qui tendoit à leur avancement. Je reçus donc ordre de partir pour l'Egypte, où étant arrivé, non fans avoir éprouvé les dangers d'une longue & pénible Navigation, je m'appliquai à connoître tout ce qui fait en pareil cas, l'objet des recherches d'un Voyageur, qui a uniquement en vûe la perfection de l'Hiftoire & de la Géographie. A l'aide de ce que je vins à y remarquer, je me confirmai non-feulement de plus en plus dans l'opinion où j'étois déja auparavant, que plufieurs chofes avoient échappés à la connoiffance de ceux qui nous ont donné des relations de l'E-gypte. Mais je trouvai en défaut quelques-uns d'entr'eux, dans ce qu'ils avoient dit de certaines Villes , dont ils avoient sur tout mal fixé la position. Je découvris qu'ils ne s'étoient pas moins trompés , quand ils avoient pris de méchans Villages à moitié ruinés , pour des débris de celles que leur nom a rendu fameuses dans l'antiquité : soit que leur erreur ait sa cause dans un examen trop précipité , soit qu'elle provienne d'un jugement trop peu réflechi , ils se feroient gardés d'hazarder de semblables conjectures , si sans se fier absolument aux premieres impressions qu'elles ont coutume de produire fur l'efprit , ils fe fuffent mis en état de les vérifier. Ce n'étoit pas de s'arrêter à une tradition incertaine des habitans du Pays , trop ignorans pour leur ajoûter foi ; d'autant plus que ces fortes de traditions n'ont d'ordinaire d'autre fondement , que la ridicule vanité qu'ont ceux qui peuplent les moindres Bourgades, de s'attribuer une origine fort ancienne.

Il eût fallu plutôt s'inftruire par une lecture affidue des Ecrivains de l'antiquité, de la pofition qu'ils ont affignée à ces Villes, & la comparer avec la fituation préfente des lieux qu'ils exami-

noient, pour voir si ces conjectures étoient conformes,
ou non à la vérité. C'est la
méthode que j'observai scru-
puleusement, en visitant toute cette étendue de Pays,
comprise entre les Plaines
d'Héliopolis & de Memphis,
outre celle que renferme la
partie que l'on nomme le
Delta. Je ne le tairai-pas ; je
jugeai par les remarques que
j'y fis, de l'importance de celles que j'aurois pû faire encore, si j'avois pénétré plus
avant dans l'Egypte ; sur tout
là où se trouvent les ruines
de Thebes, cette ancienne
Capitale si célebre autrefois
par la grandeur & la magni-

ficence de ſes édifices , & par
tant d'autres monumens ad-
mirables qu'on a comptés parmi les merveilles du monde :
mais des raiſons particulieres
ne me permirent pas de pouſ-
ſer juſques-là ma courſe , &
d'étendre par conſéquent plus
loin , le ſujet de mes découvertes. Au moins je tâchai de
ſuppléer d'une autre façon , à
ce qu'il n'étoit pas à mon
pouvoir d'exécuter de ce côté : ce fut de profiter du loi-
ſir que me laiſſa un ſéjour de
pluſieurs années au Caire, de
m'aſſurer par des examens réi-
terés , de l'exactitude des ob-
ſervations que je pus faire
dans les endroits voiſins du

lieu de ma réſidence où je di-
rigai mes pas dans cette intention. Ce ſont elles qui
m'ont mis en état de dreſſer
une Carte Topographique des
Plaines d'Héliopolis & de
Memphis : il eſt vrai que je
l'avois deſtinée d'abord à tout
autre uſage qu'à celui du Public ; cependant je me ſuis
déterminé à l'expoſer ſous ſes
yeux , après avoir murement
réflechi , ſur l'utilité qu'il en
pouvoit tirer , ſi je l'accom-
pagnois de la Deſcription néceſſaire de tout ce qu'elle contient , c'eſt ce dont je me ſuis
acquité dans ce petit Ouvrage , où j'ai eu ſoin d'expliquer
pluſieurs des différentes re-

marques que j'ai à produire
sur la nature des lieux que
j'ai visités. Je n'ai point voulu
me borner à un détail purement Géographique : j'ai pré-
sumé que la sécheresse qui en
résulte, y répandroit de l'en-
nui, si elle n'étoit compensée
par le détail plus amusant,
quoiqu'abregé, des particula-
rités qui m'ont le plus frap-
pé, en recherchant les usages
du Pays, où j'ai résidé quelques années, & en approfon-
dissant les mœurs de ses habitans. J'avoue que mon in-
tention n'a point été d'apprendre des choses tout-à-fait
nouvelles dans cette partie,
que d'autres Voyageurs ont

déja traitée à fonds : cependant il y a quelques unes de celles que j'ai rapportées, qu'on s'efforceroit inutilement de trouver détaillées avec autant d'exactitude dans leurs rélations. Mais après tout il n'en faut juger que comme d'un accessoire, qui, par la liaison qu'il occasionne, m'a paru propre à donner une forme poursuivie, & en même-tems plus variée à cette Description, où mon principal but a été de jetter quelque jour sur un des morceaux les plus essentiels de l'ancienne Géographie.

Il y auroit sans doute de la témérité à anoncer cette foi-

ble production , autrement
que comme un ſimple eſſai ,
où j'ai ſeulement eu deſſein
d'inſinuer au Lecteur éclairé,
les inſtructions qu'il pourroit
tirer d'un Voyage fait dans
les vûes que j'ai ſpecifiées.

Si j'ai travaillé pour ſa ſa-
tisfaction en ce point que je
me ſuis propoſé, ſon approbation me ſera trop précieuſe, pour ne pas employer mes
efforts à la mériter un jour
par quelque Ouvrage plus digne de ſon attention.

DESCRIPTION

CARTE
TOPOGRAPHIQUE
vue en perspective des plaines
d'Heliopolis et de Memphis
DEDIÉE
à M. le Comte d'Argenson
Ministre et Secretaire d'Etat
Echelle d'une lieue commune

TABLE

Des endroits les plus remarquables
qui font dans la Carte.

DESCRIPTION

DESCRIPTION

HISTORIQUE

ET

GEOGRAPHIQUE

DES PLAINES

D'HELIOPOLIS

ET

DE MEMPHIS.

COMME le séjour que j'ai fait au Caire durant près de quatre ans, m'a procuré le loisir d'examiner avec soin tout ce que cette grande Ville renferme de plus remarquable ; de retour en France, j'en ai dreffé un Plan Topographique, vû en perfpective ; j'y ai joint la pofition des lieux qui font dans le voifinage, & celle de ces fameufes Villes de Memphis & d'Héliopolis , dont à peine apperçoit-on aujourd'hui quelques veftiges. Pour rendre plus fenfible l'avantage & l'utilité de cette Carte, j'ai cru devoir donner une explication Géographique des lieux anciens & modernes qu'elle contient.

Le peu d'accord qui fe trouve entre ceux qui ont effayé de traiter la même matiere, vient de ce qu'ils n'ont pas pris affez de foin de comparer les passages des anciens Auteurs avec les observations qu'ils auroient dû faire sur les lieux. C'est cependant la seule voie pour lever toutes les difficultés que l'on pourroit former sur la véritable position de ces anciennes Villes.

Je commencerai par la Plaine d'Héliopolis, qui faisoit autrefois une bonne partie du Nome ou Gouvernement qui en portoit le nom, & qui comprenoit, selon Ptolomée [1] entr'autres Villes, celles d'Hélios, de Babylone, d'Héliopolis & d'Héroopolis.

Il ne se trouve aujourd'hui

---

[1] *Ptol. l. 4. ch. 5.*

dans cette Plaine que la feule Ville du Caire , capitale de toute l'Egypte , fituée fur la rive orientale du Nil , au 30ᵉ degré 20 minutes de latitude feptentrionale, & plus orientale que celle de l'Obfervatoire de Paris de 29 degrés 6 minutes 15 fecondes. C'eft une des plus grandes , des plus riches & des plus peuplées de l'Univers , elle fut long tems le féjour des Califes ; c'eft à préfent celui du Bacha que le Grand Seigneur y envoie pour gouverner l'Egypte.

Cette Ville eft divifée en vieux & nouveau Caire ; le vieux Caire eft bâti dans le même lieu où étoit Babylone ;

les anciens s'accordent fur la
fituation de cette Ville : mais
ils ne conviennent pas du tems
auquel elle fut fondée.

Créfias [1] rapporte que quelques-uns de ceux qui avoient
accompagné Semiramis dans
fon expédition d'Egypte, a-
voient donné le nom de leur
patrie à la ville de Babylone
qu'ils bâtirent.

Selon Diodore , les Efclaves de Babylone ne pouvant
fupporter les travaux que Se-
foftris leur faifoit entreprendre , trouverent moyen de s'é-
chapper , & s'étant rendus
maîtres d'un terrain avanta-

----

1 *Ctef. dans Diodore , l. 2. pag. 52.*
A iij

geux fur le bord du Nil, ils firent la guerre aux Egyptiens, & ravagerent la campagne des environs ; mais enfin par un traité fait avec eux, ils habiterent tranquillement le lieu où ils s'étoient retirés , & le nommerent Babylone, en mémoire de la capitale de leur patrie.

Strabon [1], fans fixer le tems de fa fondation, dit que quelques Babyloniens s'étant foulevés , avoient obtenu des Rois un établiffement en ce lieu.

L'Hiftorien Jofeph [2] racontant par quelle route les Ifraë-

---

1 *Strab. l. 17. pag. 807.*
2 *Jofeph. Antiq. l. 2. ch. 5.*

lites sortirent d'Egypte, dit qu'ils passerent près de Latopolis, qui étoit alors déserte, & que ce fut en ce lieu que Cambyse ravageant l'Egypte, bâtit Babylone. Ainsi cette fondation seroit bien postérieure à celle que Ctésias & Diodore lui ont assignée.

Quant à sa situation, Ptolomée la met sur le Canal de Trajan à l'orient du Nil, & ce Canal est le même qu'on nomme aujourd'hui le Kalitz.

Strabon assûre qu'en remontant par eau au-dessus du Delta, on trouvoit le Château de Babylone, Place naturellement forte, où les Romains tenoient une des trois Légions qui gardoient l'Egypte.

Il y avoit une hauteur qui s'étendoit depuis ce Château jusqu'au Nil, sur laquelle on faisoit monter l'eau de ce Fleuve par des rouës & des pompes, à quoi 150. Esclaves étoient continuellement occupés.

L'Itinéraire d'Antonin la place à moitié chemin entre Memphis & Héliopolis, éloignée de 12000. pas de chacune de ces deux Villes.

Il est surprenant que des modernes, sans aucun égard à l'autorité de Ptolomée & de l'Itinéraire d'Antonin, ayent prétendu que Memphis étoit bâtie dans l'endroit où est le vieux Caire. Devoient-ils ignorer que tous les anciens, fans en excepter un feul, plaçoient Memphis à l'occident du Nil & du côté de la Lybie? le vieux Caire, qui eft l'ancienne Babylone, fe trouve à l'orient de ce Fleuve; Memphis, felon Pline, étoit au midi des trois grandes Pyramides, & Babylone, ou le Caire, eft au nord-eft des mêmes Pyramides.

Herodote & Strabon placent Memphis au pied du Mont Pfammius du côté de la Lybie : Babylone eft au pied des Montagnes du côté de l'Arabie. Le même Strabon dit que dans la contrée au-delà

de Babylone, on voyoit à découvert les Pyramides près de
Memphis, ce qui fuppofe une
diftance affez confidérable entre Babylone & Memphis, elle étoit de 12000. felon l'Itinéraire d'Antonin, d'où il eft
aifé de conclure que ces deux
Villes ne peuvent être confon-
dues en une feule.

Il eft très-probable que c'eft
à Babylone où S. Marc a prê-
ché l'Evangile, & que S. Pierre à la fin de fa premiere Epî-
tre, parle de cette Ville, quand
il dit : l'Eglife choifie qui eft
en Babylone, vous falue auffi
bien que Marc mon fils.

Elle fut Epifcopale quand
le Chriftianifme y eut été éta-

bli : on trouve le nom d'un Cyrus Evêque de Babylone dans le Concile d'Ephese tenu l'an 431, & dans le premier Concile de Calcédoine de l'an 451.

Lorsque les Arabes eurent formé le dessein de soûmettre l'Egypte, Amru-ibn-il-aff, Général du Calife Omar, vint assiéger Babylone l'an 18. ou 19. de l'Hégire ; Jean Mecaukes, illustre Copte qui en étoit Gouverneur pour Héraclius Empereur d'Orient, la défendit long-tems ; mais enfin il fut obligé de capituler avec Amru, à condition que chaque Copte lui payeroit, & à tous ses successeurs, deux deniers d'Egypte pour tribut, & qu'il donneroit le logement & la nourriture pendant trois jours à tous les Arabes qui passe-roient par l'Egypte.

Depuis que Memphis eut cessé d'être la capitale de ce Royaume, & que cette pré-rogative eut été transférée à Alexandrie, un grand nom-bre des habitans de cette pre-miere Ville étoient venus s'é-tablir à Babylone, & l'avoient aggrandie ; mais elle ne parut dans tout son éclat que sous la domination des Arabes quand elle devint la résidence des Gouverneurs que les Ca-lifes envoyoient en Egypte, & qu'elle eut enlevé à Alexandrie l'avantage d'être la capitale de ce Royaume.

Amru [1] ayant fait environner de murailles le Camp où ſes ſoldats avoient élevé leurs tentes pendant le ſiége, cette nouvelle enceinte fut bientôt remplie de maiſons, & fut nommée Maſr-Foſtat, qui en langue Arabe ſignifie Ville des Tentes; c'eſt ſous ce nom que Babylone fut connuë dans la ſuite.

Il y en a qui racontent qu'Amru [2] voulant décamper pour la conquête d'Alexandrie, & ayant été averti qu'une tourterelle avoit fait ſon nid

---

[1] *Elmacin, hiſt. Sarac. l. 1. ch. 3.*
[2] *Idem.*

au haut de sa tente, il ordonna qu'on la laisseroit dans le même lieu, autour duquel Fostat fut bâti.

Quoi qu'il en soit cette Ville fut la demeure des Gouverneurs de la Province, jusqu'à ce qu'Amed-Ibn-Toulon fit bâtir le Cateïa tout auprès du Fostat, où les Princes ses descendans établirent leur siége, jusqu'à la conquête de l'Egypte sous le Calife Meez-eldin-allah, l'an de l'Hégire 358, il étoit de la famille des Fatimites, & regnoit à Tremecen en Afrique dans le même tems que l'Egypte étoit gouvernée par une Princesse, dont l'histoire ne dit pas le nom, &

qui étoit d'une beauté parfaite ; le Calife en devint extrêmement amoureux. Il envoya
son Général El-Kaïed-Giau-
her en Ambassade pour la demander en mariage : sur ce
qu'il apprit que cette Princesse
n'y paroissoit point disposée,
il fit partir une nombreuse armée, avec ordre à son Général de faire la conquête de l'E-
gypte. Dès qu'il parut & qu'il
eut fait entendre le nom du
Calife Meez-eldin-allah, les
peuples vinrent à l'envi recevoir les ordres du Général
Africain. Après qu'il eut soû-
mis toute la basse Egypte sans
avoir perdu un seul homme,
il alla se présenter devant la

capitale , & campa avec ſes troupes dans le lieu même qu'il avoit occupé peu de mois auparavant avec toute ſa ſuite.

Cette Ville, la plus riche & la plus forte du Royaume, ne fit pas plus de réſiſtance que les autres. Giauher après s'en être rendu maître, fit proclamer publiquement dans le Palais Meez-eldin-allah Calife d'Egypte, & le reſte du Pays ſuivit bientôt l'exemple de la capitale. Comme Giauher connoiſſoit l'averſion naturelle de ſon Maître pour le ſéjour des Villes, ce Général, en attendant ſon arrivée, s'occupa à faire travailler à un mur épais & élevé qui environ-

noit

noit cette vaste Plaine, où son
armée campoit, afin que ce
Prince pût y habiter surement
avec tous ses Généraux ; ou
sous des tentes, ou dans des
maisons qu'ils feroient bâtir
s'ils le jugeoient à propos. Cette enceinte se remplit ensuite
de Palais, de Mosquées, &
forma une grande Ville, qui
devint la capitale de l'Egypte, & à laquelle Giauher, en
mémoire de sa conquête, donna le nom d'El-cahera, terme
Arabe, qui signifie la Victo-
rieuse. C'est de-là que les Vé-
nitiens & les Florentins, qui
ont été les premiers Négocians
Chrétiens à qui on a accordé
un établissement dans cette ca-

pitale, formerent par corruption le nom de Caire, auquel
ils ajoûterent celui de Grand,
à caufe du nombre de fes habitans.

Il y a des Auteurs qui rap-
portent différemment l'origine du nom de cette Ville ; ils
difent que du tems d'un Roi
d'Egypte nommé Mohez, un
Seigneur qui commandoit
pour ce Prince dans la Ville
de Mafr, fit bâtir un Château proche de cette Ville,
pour la mettre de ce côté-là à
couvert de toute infulte, &
qu'il appella cette Forterefle
avancée Cairet, du nom de
fon Epoufe ; que cette petite
Place s'accrut infenfiblement,

& qu'en devenant dans la suite plus confidérable, elle ne laiſſa pas de conſerver toujours l'ancien nom de Cairet, qui lui avoit été donné dans ſon origine.

D'autres Hiſtoriens ont écrit que la Ville du Caire a pris ſon nom de la Planete de Mars, à qui les Aſtronomes donnent l'épithete de Caher, c'eſt-à-dire, Vainqueur ou Conquérant. Ils racontent que Giauher ayant réſolu de bâtir une nouvelle Ville pour la réſidence de ſon Maître, donna ordre aux Aſtronomes d'en jetter les fondemens lorſque Mars ſeroit dans ſon bon aſpect. Ils firent environner l'eſ-

pace qui devoit être enceint
de murailles avec une corde,
à laquelle on attacha une
quantité de clochettes qui devoient être le signal pour avertir les Maçons de commencer
leur travail. Le malheur vou-
lut qu'un Corbeau étant venu
se reposer sur cette corde, fit
sonner les clochettes au moment que Mars étoit dans un
mauvais aspect ; les Maçons
trompés par ce faux signal,
jetterent tous d'un commun
accord les fondemens de cette
Ville avec grand empressement, ce que les Astronomes
n'eurent pas plutôt appris,
qu'ils conjecturerent, à cause
du mauvais aspect de Mars

dans ce moment, que la Ville
feroit un jour prife par un ra-
viffeur qui viendroit de la Ro-
manie, où Mars préfide ; ce
qui fut vérifié 560. ans après
lorfque le Sultan Selim con-
quit l'Egypte.

Quoiqu'on fut perfuadé que
cet afpect finiftre porteroit
malheur à la Ville, on ne laif-
fa pas de la bâtir & de l'appeller Cahera, ou Caire. La
conftruction de cette Ville
ayant été achevée dans le cours
de cinq années, les Califes la
choifirent pour leur réfidence,
& pour la rendre plus peuplée
& plus forte, on abandonna
na le Cateïa, & on brûla le
Foftat.

Elle souffrit beaucoup sous le regne du Calife Hackem-Beemr-illah, qui l'an de l'Hégire 410. y fit mettre le feu par ses soldats, la quatrieme partie fut brûlée pendant que le reste étoit au pillage.

Saladin long-tems après fit rebâtir le Château, & entreprit d'enfermer le vieux & nouveau Caire d'une muraille qui devoit avoir 26000. coudées de tour. Mais il ne put achever cet ouvrage, ayant été prévenu par la mort, & ses successeurs ont négligé de le faire finir, de sorte que cette Ville se trouve ouverte en plusieurs endroits.

Elle étoit si peuplée pendant le regne des Sultans Mammelucs, qu'en l'an de l'Hégire 749, selon Ben Dokmak, la peste y faisoit mourir 20000 hommes par jour.

Le grand commerce qu'elle faisoit des Epiceries, qu'on transportoit des Indes par l'Océan & la mer Rouge jusqu'à Suès, & de-là jusqu'au Caire, la rendoit riche & florissante. Elle a perdu de son ancienne splendeur depuis que les Européens se sont ouvert une route par les Indes, en doublant le Cap de Bonne-Espérance.

Elle s'étend dans une Plaine de sable le long de la Montagne sur laquelle le Château est bâti, & environ à un quart

de lieuë du Nil du côté de
l'Orient. Il y a un Canal tiré
de ce Fleuve qui la traverse
du Midi au Nord : sa situation
n'est ni si belle ni si riante
que l'ancienne, on y est pri-
vé du plaisir de la vûë & de
la fraîcheur de l'air, qui seroit fort à desirer, principalement dans un Pays où l'on
ressent des chaleurs excessives
pendant plus de la moitié de
l'année, & qui augmente à
cause des monticules formés
des décombres qu'on y transporte journellement de la Ville. C'est la capitale du monde où l'hyver se fait le moins
sentir, de l'aveu de ceux qui
ont voyagé aux Indes, en
Ethiopie,

Ethiopie, en Amérique & en différentes régions de la Terre. Il n'y gele point, il n'y tombe point de neige, & pendant trois ans je n'y ai vu pleuvoir que deux fois, durant environ deux heures ; auſſi les maiſons n'y ſont-elles pas ordinairement couvertes, ou ſi elles le ſont, c'eſt d'une maniere incapable de réſiſter à la pluie.

L'air du Caire eſt très-pur ; on y voit rarement des maladies, on n'y reſſent point les incommodités des climats où les ſaiſons ſont ſi différentes ; ſi l'on y eſt attaqué de la fievre ou de la migraine, ce qui arrive quelquefois aux Etrangers durant les chaleurs, l'eau du Nil eſt le feul remede : il ne faut employer ni ſaignée, ni purgations, ni bouillons pour rétablir ce petit dérangement.

Les habitans y ont communément mal aux yeux, & l'on y voit un grand nombre d'aveugles, ce qui provient des ſables que les vents font voltiger dans l'air ; il y en a un entr'autres qui vient du Sud-Eſt du côté des Plaines d'Arabie, on le nomme Camshin, c'eſt un vent extrêmement brûlant, moins ſupportable que les plus grandes chaleurs, & qui regne pendant 50 jours, depuis la fin de Mars jusqu'au milieu de Mai.

Les habitans font encore fort fujets aux hernies ou defcentes ; je crois que la principale caufe vient de l'huile de lin dont ils font leur nourriture affez ordinaire.

Le Caire a environ 12000 de circuit , y comprenant le vieux Caire & Boulak , qui en eft le Port. Il eft tout divifé par contrées qui ne contiennent qu'une ou deux ruës tout au plus , qui font même fouvent fort courtes & fort étroites , fans alignement. Comme elles ne font point pavées , l'on marche prefque par tout dans un terrain poudreux à l'excès, qui incommode fort; il n'y a que dans les ruës où demeurent les gens riches & distingués qu'on est à couvert de cette incommodité, par le soin qu'ils prennent de faire arroser tous les jours devant leurs maisons : il seroit inutile que les rues fussent plus larges, outre qu'elles garantissent de la grande chaleur, c'est qu'on ne voit au Caire ni carosse, ni caléche, ni chaise à porteurs; les grands Seigneurs & leurs Esclaves, les Cavaliers de profession & les Arabes vont à cheval par la Ville; tout le reste, Juifs, Turcs, Chrétiens, Janissaires, Soldats, & ceux qui font d'une condition médiocre , n'ont point d'autre monture que des ânes , les Dames même , de quelque qualité qu'elles foient , ne vont point autrement.

Il y a un cérémonial très-gênant, & dont il eft à propos que les Etrangers foient inftruits. C'eft qu'il faut promptement defcendre lorfque l'on fe trouve à la rencontre de quelques Seigneurs ou Officiers Turcs, fans quoi on coureroit rifque d'être infulté, & même de recevoir des coups de bâton.

Le nombre des rues eft fort grand , & dans plufieurs on trouve des Réfervoirs d'eau &

des Abbreuvoirs pour faire boire les animaux. Chaque Réfer-
voir a un ou deux tuyaux, & une
taffe de cuivre fufpendue à une
chaîne ; mais l'eau en eft fouvent d'un mauvais goût & un
peu falée, auffi n'en boit-on que
quand on a une grande foif.
Dans toute la Ville on ne boit
que l'eau du Nil ; on l'apporte
dans des outres fur le dos des
ânes & des chameaux.

A l'entrée & à la fortie de
chaque Contrée il y a des portes que l'on ferme le foir. Elles font toutes fimples , & leur
deftination n'eft pas de fervir
de défenfe en tems de guerre,
elles font feulement pour empêcher que les voleurs de nuit

ne puiſſent paſſer pour entrer
dans les maiſons, ou afin que
s'il s'y en étoit introduit quelqu'un par fineſſe, il n'eût pas
la facilité de ſe ſauver. Quelques Voyageurs racontent que
de leur tems il y avoit dans
chaque Contrée deux gardes
tirés de la lie du peuple pour
avertir les habitans en cas de
vol ; & comme par l'inclina-
tion que ces ſortes de gens ont
au larcin, il étoit dangereux
qu'ils ne fiſſent eux-mêmes ce
qu'on vouloit qu'ils empê-
chaſſent, on avoit remédié à
cet inconvénient par une invention qui n'étoit pas commune. On les attachoit la nuit
l'un à l'autre par une ſorte de

C iv

carcan ou collier de fer qui étoit double , dont les gens du Soubachi portoient la clef. De cette façon ces deux hommes étoient mieux responsables l'un de l'autre, ne se pouvant pas séparer , & il ne leur étoit guere possible , étant ainsi joints, d'entrer dans les maisons pour y rien prendre. Mais je n'y ai point vu observer cet usage. Seulement dans les quartiers qui ne font pas fermés , il se fait une garde comme à Paris , & lorsque l'Aga des Janissaires rencontre quelqu'un en flagrant délit , il a droit de le punir de mort sur le champ, sans aucune autre formalité de justice. Ce qui a obligé à uſer de tant de précautions pour la ſûreté des rues pendant la nuit, c'eſt qu'outre que les Arabes ſe ſer-voient de la faveur des téne-bres pour venir quelquefois piller juſques dans la Ville, en paſſant par-deſſus les murail-les qui ſont fort baſſes ; il y a encore de plus, quantité d'E-gyptiens qui s'appliquent à dérober, & qui le font avec beaucoup de ſubtilité.

Le Caire eſt habité par les originaires du Pays, c'eſt-à-dire, par les Coptes, par les Mores, par les Turcs qui s'y ſont retirés de diverſes Pro-vinces de l'Empire Ottoman. On compte 10000. Juifs ,

30000. Chrétiens, la plûpart Coptes, les autres, Grecs, Arméniens, Maronites, & quelques Latins ; les Coptes ont leur Patriarche, & les Grecs le leur ; l'un & l'autre prennent la qualité de Patriarche d'Alexandrie ; les Cordeliers de Jerusalem, la Propagande ; les Capucins & les Jésuites sont les seuls Religieux dont il y ait des Missionnaires au Caire.

Quoique le peuple de cette Ville soit très-nombreux, je ne suis pas du sentiment de ceux qui la supposent peuplée de 3 à 4 millions d'ames ; je crois encore moins ce qui a été avancé par quelques-uns, que du tems de la peste arrivée sur la fin du dernier siecle, il y mourut 640000. personnes. Je conviens que les maisons ordinaires y sont fort serrées, qu'on ne voit que la moindre partie du monde qui habite le Caire, parce que les femmes, sur tout celles de considération, sortent très-rarement, qu'il y a telle maison qui renferme 300. personnes tant hommes que femmes, que toutes les maisons un peu distinguées ont ordinairement vingt ou trente Esclaves, que les moindres en ont trois ou quatre ; que le Port de Boulak & plusieurs quartiers du vieux Caire sont bien peuplés : mais je crois qu'il y a moins de maiſons qu'à Paris , & que le nombre des habitans ne paſſe pas 600000. il y a près de 1300. Edifices publics , & une ſeule Place nommée la Romeilé , elle eſt devant le Château ſans arbres , ſans fontaine , ſans ornemens & ſans la moindre choſe qui faſſe un beau point de vûe ; c'eſt le lieu où on exécute les criminels.

Généralement toutes les maiſons qui compoſent la Vil- le ne paroiſſent pas agréables au dehors , l'aſpect en eſt auſſi triſte qu'il eſt peu régulier ; on ne voit que de ſimples murail- les nues , & preſque point de fenêtres , encore ſont-elles fer-

mées par des grilles de bois,
de peur que les paſſans ne
voyent les femmes ; les maiſons ne ſont ordinairement
que de deux ou trois étages,
pluſieurs même n'en ont qu'un,
celles du commun ſont bâties
de terre ou de briques, & celles des Sangiacs & des perſonnes de conſidération ſont bâties de pierres de taille fort
polies. La magnificence de
celles-ci eſt au dedans & du
côté des cours, elles contiennent quantité de belles chambres, & principalement une
grande ſalle qui leur ſert de
Divan, ou de lieu d'audien-
ce ; ce ne ſont que jets d'eau,
que compartimens de marbre

& toutes fortes d'embelliſſe-
mens , où l'or & l'azur, qui
plaiſent fort en ce Pays-là, ne
ſont pas épargnés.

Tout eſt propre & bien tenu au dedans de ces Palais,
& quand on va rendre vi-
ſite à celui qui en eſt le maître , on y voit quantité de
domeſtiques fort bien vê-
tus. Ordinairement les maiſons y ſont en terraſſes , &
ont des Salles fort élevées,
& ſans ceſſe rafraîchies par
une infinité de jets d'eau &
par des gorges de loup où
le vent du Nord s'engouf-
fre , & rend l'air qu'on reſ-
pire en ces lieux , aſſez tem-
péré.

Il y a nombre de Jardins dans la Ville & des Lacs, où entre l'eau du Calitz dans le tems de ses débordemens. Ces Lacs servent à l'agrément & à l'utilité des maisons, on en compte sept ou huit, tant dans la Ville qu'aux environs, qui vont se perdre dans le Lac des Pélerins de la Mecque. Les gens du Pays leur donnent le nom de Birques. Il y en a un tout voisin de la Contrée de France : mais le plus renommé est celui que l'on voit vers le milieu de la Ville ; il peut avoir 500. pas de diametre, & les plus belles maisons sont sur les bords ; rien n'est plus agréable que de voir un terrain, qui

pendant huit mois de l'année
eſt un vaſte baſſin rempli d'eau,
devenu pendant les quatre autres un jardin riant & perpé-
tuel. Tant que ce baſſin eſt
inondé , il eſt couvert d'un
grand nombre de Brigantins
& de Barques dorées , ſur leſ-
quelles les perſonnes de conſidération ſe promenent à l'entrée de la nuit avec leurs femmes. Il ne ſe paſſe preſque pas
un ſoir qu'on n'y tire un feu
d'artifice, & que quelque con-
cert ne s'y faſſe entendre. Les
jalouſies qui regnent tout autour ſont remplies d'une infinité de Dames , qu'on ne laiſſe pas d'entrevoir à la faveur
des illuminations , dont toutes

tes les faces des maisons sont alors éclairées ; c'est un des plus galans spectacles que la nuit puisse offrir aux yeux, & où la fraîcheur, qui lui est naturelle , augmentée par celle des eaux , fait que l'on se dédommage avec délices des chaleurs de la journée.

Ce que cette Ville offre de plus curieux & de plus digne d'attention , sont les Mosquées , on en compte 720. à Minarets, & 430. qui n'en ont point ; les Mosquées les plus remarquables en ont ordinairement quatre , quelquefois cinq ou six, quelques - unes n'en ont que deux. La distribution de ces bâtimens est

D

presque par tout la même, il n'y a de différence que dans l'étendue. En entrant par la principale porte, on trouve d'abord un grand quarré, ordinairement plus long que large, & toûjours à ciel découvert. Autour de ce quarré bien pavé, qui forme une espece de cour, regne une galerie couverte soutenuë par des colonnes. C'est sous cette galerie qu'on va ordinairement faire la Priere, afin d'être à l'ombre; il y a cependant des dévots, qui par un excès de zele, font leurs oraisons en plein midi au milieu de la Mosquée, c'est-à-dire, sous un soleil insupportable. On

trouve quelquefois au bout de
la grande cour un autre quarré couvert d'un dôme : mais
cela eſt rare, & l'on n'entre
pas aiſément dans ce lieu ,
parce que c'eſt preſque toûjours la ſépulture du fondateur , où dans ce cas il n'eſt
pas permis au peuple d'aller
prier.

A côté & hors de la cour
qui forme le milieu de la Moſquée , on a pratiqué des lieux
particuliers avec des baſſins
pleins d'eau pour la commodité des ablutions ſi étroite-
ment ordonnées par l'Alcoran ; car on ſait que la Loi
des Mahométans leur défend
de faire leurs prieres avant que

D ij

de s'être lavé les mains & les bras jusqu'au-deſſus du coude, les oreilles & les pieds, & au défaut d'eau ils ſont obligés de ſe purifier avec du ſable.

Ce que les Moſquées ont de plus curieux, ſont les Dômes & les Minarets dont ils ſont accompagnés. On ne peut aſſez admirer la beauté de ces Dômes, leur grace, leur proportion, leur hardieſſe, & ſur tout la grandeur étonnante de quelques-uns. Sur la plûpart on voit en relief de grandes inſcriptions Arabes qui regnent ſur la circonférence extérieure, & qu'on peut facilement lire d'en bas, auſſi bien que celles du dedans qui ſont ou simplement peintes, ou faites en caractéres de bois doré. C'est ordinairement aux coins des Mosquées que les Dômes sont construits, & qu'ils forment des especes de Chapelles d'un exhauffement qui étonne.

Les Minarets sont des especes de Tourelles ou petits Clochers fort hauts, ordinairement travaillés à jour, dont les Dômes sont presque toujours accompagnés, & dont les dehors ont deux ou trois galeries avec des baluftrades l'une au-deffus de l'autre. Il y a des hommes qu'on nomme Muezzins, qui du haut de ces Tours avertiffent régulierement cinq fois par jour le peuple de venir aux Mosquées faire la priere, ou de s'en acquitter dans leurs maisons. Ils tournent autour de ces galeries, dont l'entrée est ordinairement placée vers la Mecque, & crient d'une voix tonnante qu'on ait à se rendre à la Mosquée. Dans les jours solennels il monte autant de crieurs qu'il y a de Minarets, qui font en même tems l'invitation à la Priere. Comme on compte près de 1200. Mosquées au Caire, dont plus de 700. ont au moins deux & jusqu à cinq ou six Minarets, il est aisé d'imaginer le bruit que tant de voix aigues & les plus fortes que l'on puisse trouver, doivent produire, sur tout une heure avant la pointe du jour, où tout est ordinairement enseveli dans le sommeil & le silence, & où la priere qui devance l'aurore, s'annonce en ces termes : *Vrais croyans, qui pensez au salut, la Priere est préférable au sommeil.*

Il y a de ces Minarets très-curieux au Caire, & lorsqu'ils sont tous illuminés pendant les nuits de la Lune du Ramadan, on peut dire qu'ils produisent un spectacle aussi singulier qu'agréable.

Entre les Mosquées, celle de Dgiamiashar, qui en Arabe signifie Assemblée des

Fleurs, eſt la plus belle & la plus opulente. Cet Edifice mérite d'être conſidéré par rapport à ſes Dômes & à ſes Minarets. Elle auroit preſqu'autant de revenus que l'Egypte en rend au Grand Seigneur, ſi la plûpart des legs qu'on lui a faits n'avoient pas été diſſipés par les Adminiſtrateurs, qui dans tous les tems s'en ſont appropriés les fonds par mille moyens différens. Dans le tems que l'Egypte avoit ſes propres Rois, on y enſeignoit toutes les ſciences. Ces Princes y attiroient de tous les Pays ſoûmis au Mahométiſme, les hommes les plus profonds en Théologie,

gie , en Jurifprudence , en
Médecine , en Aftronomie ,
en Mathématiques , en Hiftoire, & les y retenoient par
des penfions confidérables, &
par des diftinctions encore
plus flateufes.

Pour exciter d'autant plus à
l'étude, & pour mettre tout le
monde en état de s'y livrer
avec facilité, tous les jours à
la fortie des Claffes on diftri-
buoit à chaque Etudiant certaine quantité de pain, de ris,
de viande & de légumes plus
que fuffifantes pour fa fubfif-
tance ; ainfi la mifere n'éloi-
gnoit perfonne des connoif-
fances utiles, & ne fourniffoit
point un prétexte pour vivre

E

dans l'ignorance ; en un mot l'injustice de la fortune ne privoit point l'état des sujets que la nature avoit formés, pour le servir. 14000 personnes étoient entretenues de ces fondations, la plûpart même étoient logées ; car, à la différence des autres Mosquées, celle-ci a des Bâtimens considérables qui répondent aux diverses rues dont elle est environnée ; on y enseigne encore aujourd'hui la Logique, l'Astronomie, l'Astrologie Judiciaire, l'Histoire & les principes du Mahométisme : mais au lieu de 14000 personnes, à peine y en nourrit-on 1400. L'on prend des Greniers du Grand Sei-

gneur 2000. charges foit de
bled , foit de légumes pour
l'entretien de ce College , qui
en a bien encore autant, & fouvent davantage par les legs
qu'on lui fait.

On y enfeigne la Gram-
maire dans la plus haute perfection , & il n'y a point de
Pays au monde où l'Arabe foit
fi pur , ni où l'on s'attache davantage à déterminer la jufte
valeur des mots, & à en pénétrer toute la force. Comme
c'eft un crime parmi les Mahométans de prononcer mal
un mot de l'Alcoran , ou de
le mal écrire, de-là vient qu'un
des premiers foins que prennent ceux qui dans cet endroit

font prépofés à l'inftruction de la jeuneffe, eft d'apprendre à prononcer & à orthographier l'Arabe avec la plus fcrupuleufe exactitude ; par là ils confervent la prononciation primitive dans toute fa pureté, & fe préfervent de l'altération fi ordinaire aux autres langues. Tout le monde convient que l'Arabe de l'Alcoran eft le plus pur qu'on puiffe trouver ; ainfi l'attention que par un principe de religion on apporte à le lire & à l'écrire correctement, ne peut manquer de maintenir longtems cette Langue ; auffi voit-on que malgré les efforts de plufieurs fiecles, celle qu'on parle vulgairement au Caire , est très-peu différente de la littérale. C'est dans cette Mosquée, que les Chafeï, les Maleki , les Hambali , les Hanefi, c'est-à-dire , les quatre Pontifes ou les quatre Chefs des quatre Sectes Orthodoxes du Musulmanisme ont leur siege & exercent leur Jurisdiction ; ils sont égaux entr'eux , & nul n'a de supériorité au-dessus de l'autre ; ils sont extrèmement honorés dans la Ville , & ils y ont une grande autorité.

Il y avoit autrefois une Bibliotheque très - célebre ; le Macrisi assure qu'elle étoit composée de 100000. Volumes. Le Calife Aaron avoit

fait paſſer de ſavans hommes
à Conſtantinople pour tranſ-
crire & traduire tout ce qu'il
y avoit de meilleurs Livres.
Les Rois de la famille des Fatimites avoient amaſſé en Afrique un grand nombre de Livres
précieux, Grecs ou Latins ,
qu'ils avoient trouvés à Car-
thage, à Cyrene & dans d'autres Villes de Sicile, de Sar-
daigne & d'Eſpagne, & dans
les Monaſteres Chrétiens.

Meez-ledin-allah avoit fait
tranſporter tous ces Livres en
Egypte. Le Sultan Saladin, qui
y introduiſit la domination des
Mammelucs, fit brûler une
partie de ce précieux thréſor,
ayant ordonné de ne conſer-

ver que les Livres qui trai-
toient de la Religion & des
Conquêtes des Princes Mahométans. Le même Macrifi a-
joûte que ce Prince ayant commis un des chefs de fa Religion pour en faire l'examen,
celui-ci faifoit jetter dans le
baffin d'une grande Salle, ceux
de ces ouvrages, qui par leur
écriture & par les ornemens
dont ils étoient enrichis, lui
paroiffoient les plus capables
d'être bien vendus. C'étoit par
ce feul endroit que ce barbare
jugeoit de leur prix & de leur
mérite. Grand nombre de ces
Livres furent ainfi fauvés de
cet incendie, & devinrent le
partage de plufieurs Seigneurs

E iv

de la Cour, qui en enrichirent les différentes Bibliotheques des Mosquées qu'ils avoient fait bâtir ; car il y avoit alors peu de Grands qui n'eussent leurs Mosquées particulieres : Il se trouvoit encore dans ces Bibliotheques un nombre de Manuscrits très-considérable. Les Cadis & les gens de Lois préposés à leur garde, aussi grossiers qu'intéressés, les vendirent successivement, & ces Livres, qu'on ne se donnoit plus la peine de copier, périrent insensiblement aussi bien que ceux qui avoient été brûlés par l'ordre de Saladin. A l'exception des Livres qui traitent de la Religion & de l'His-

toire des Princes Mahométans:
Il n'y en a presque plus en
Egypte, ni même dans la Sy-
rie. Tous les autres ont été
transportés à Constantinople
par les Bachas, les Cadis &
autres Officiers que la Porte
envoye en Asie, & en Afrique,
& qui depuis deux cens ans
n'ont cessé d'enlever ce qu'il
y avoit de meilleur en Egypte
en ce genre.

Il ne laisse pas d'y avoir encore un grand nombre de Livres dont nous avons un Ca-
talogue dans la Bibliotheque
du Roi.

La Mosquée d'Amrou, fils
d'Aas, a été rebâtie plus ma-
gnifiquement qu'elle ne l'étoit

auparavant ; elle eſt ſur le bord oriental du Nil entre le vieux Caire & le nouveau, & on peut dire qu'à la réſerve de la Moſquée de Dgiamiaſſar, il n'y en a point qui ſoit plus riche ni mieux entretenue ; auſſi la regarde-t-on comme la premiere qui ait été élevée, non ſeulement en Egypte, mais même dans toute l'étenduë du Mahométiſme.

La Moſquée qu'on appelle la Salehiah, du nom de Saladin ſon fondateur, dont le titre Royal étoit Al-malek-al-ſaleh, c'eſt-à-dire, le bon Roi, fut bâtie vers l'an de l'Hégire 572, ſelon Ben-ſchonah, dans le lieu où étoit la ſépulture de l'Iman Chafeï un des quatre Chefs des Sectes Orthodoxes du Musulmanisme. Il y joignit un College & un grand Hopital ; il assigna à chacun de ces trois lieux de fort gros revenus.

L'Hopital Général est un des plus célebres monumens qu'on voye au Caire. Il n'étoit autrefois destiné qu'à renfermer les fous, il est devenu commun dans la suite aux malades de toutes especes , & il seroit d'une richesse immense si tous les legs qui lui ont été faits, ou ceux qu'on y fait encore tous les jours , tournoient entierement à son profit ; mais la coûtume veut que de tous les soins, celui de gouverner les Pauvres soit le plus propre à faire vivre dans l'opulence la plûpart de ceux qui en font chargés.

Cette Maison, située dans une des plus belles rues du Caire, a deux Mosquées magnifiques bâties vis-à-vis l'une de l'autre, & séparées seulement par cette ruë. Attenant chacune de ces Mosquées, on voit de vastes Bâtimens destinés à loger les malades de toute condition, qui étoient autrefois rangés dans différentes Salles suivant la nature de leur maladie, dont chaque genre étoit traité par un Médecin particulier qui avoit passé sa vie à l'étudier, & qui par un grand nombre de cures heureuses, s'étoit acquis la réputation de tirer ordinairement ses malades d'affaire. La dépense de chaque malade étoit fixée à un ducat d'or par jour; on ne négligeoit rien de ce qui pouvoit aider à son rétablissement. De tant d'attentions, de pieté & de magnificence, il ne subsiste aujourd'hui dans cet Hopital que la seule coûtume d'annoncer la premiere Priere deux heures plûtôt que dans les autres Mosquées, pour flatter les malades du retour de l'aurore après lequel ils soûpirent.

Il y avoit au dehors de la

Ville & dans les Fauxbourgs quantité de Mosquées, sur tout du côté de cet Etang d'eau douce, autour duquel s'assemble la Caravane de la Mecque : mais elles sont presque toutes ruinées aussi bien que les maisons qui les environnoient. C'étoient des Edifices superbes, comme leurs ruines le témoignent encore.

Outre les Mosquées, on trouve encore au Caire & aux environs certains lieux de dévotion, assez considérables par leur beauté. Ce sont divers tombeaux de quelques Docteurs ou Santons Mahométans qui se sont le plus distingués, ou par l'excellence de leur doctrine, ou par la mortification extraordinaire de leur vie. Celui de leur fameux Docteur Chafeï mérite entr'autres d'être remarqué ; il est hors de la Ville, situé au pied de la Montagne de Mokatan, dans un lieu appellé Carafe, qui en Arabe signifie ruines. Ce Chafeï étoit parent de Mahomet, & Auteur, comme nous l'avons déja remarqué, d'une des quatre Sectes qu'on regarde parmi les Turcs comme Orthodoxes.

Le Macrifi rapporte à son sujet qu'un Calife de Babylone ayant donné ordre au Gouverneur qu'il tenoit en

Egypte , de lui envoyer le corps de Chafeï, il se rendit au Tombeau avec une escorte de dix mille hommes ; il étoit encore accompagné de toutes les personnes de distinction du Caire, & d'un peuple innombrable. Les travailleurs ayant commencé à ouvrir la terre, à peine furent-ils arrivés à la profondeur où le corps reposoit, qu'il en sortit une flamme si vive & si éclatante, qu'ils en demeurerent aveugles pour le reste de leurs jours. On dressa un Acte qui contenoit les merveilleuses circonstances de cet évenement, dont plus de 20000. témoins oculaires attesterent

la

la vérité par leur signature.

Il y a au Caire de très-beaux & vastes Bâtimens qu'on nomme Hokels, & qui servent de dépôt pour toutes sortes de marchandises, les gens de la Ville y ont des Boutiques, comme au Palais à Paris. Il y a un Bouab ou Portier qui en ouvre & ferme les portes à certaines heures indiquées. Ces Hokels sont toujours remplis de monde & de marchandises; les Grands du Pays employent volontiers leur argent à élever ces sortes d'Edifices, parce qu'ils en tirent des revenus très-considérables. Les Nubiens, les Abyssins & les autres Nations de l'Afrique qui abordent au Caire, y ont chacun le leur particulier, où elles ne manquent jamais de loger. Il en eſt de même des Marchands d'Alep , de Damas , de Conſtantinople & des autres Villes de commerce. Ces Hokels ſont des hoſpices ſacrés, où il n'eſt pas permis d'inſulter perſonne, ni de s'attaquer aux effets qui y ſont dépoſés : on n'y laiſſe pas même loger de gens qui ne ſoient pas mariés. Ces ſortes d'êtres iſolés, qui ne tiennent à rien, paroiſſent aux Turcs indignes de leur confiance.

Un des meilleurs fonds que l'on puiſſe poſſéder au Caire, ſont les Bains publics. Il y en a 80. Plus ils font magnifiques & plus ils rendent, à cause du grand concours qu'y attire la propreté dont on y eft fervi, joint à l'agrément du lieu ; du refte ce qu'il en coûte pour s'y baigner eft très-modique.

Il y a des Bains deftinés uniquement pour les hommes, d'autres pour les femmes : quelquefois ils fervent aux hommes le matin, & aux femmes l'après-midi. Le nombre des Bains particuliers va à l'infini. Il n'y a perfonne un peu à fon aife qui n'en ait un dans fa maifon.

Du Gouvernement Militaire du Caire.

Cette Ville, de même que toute l'Egypte, est gouvernée par un Bacha, vingt-quatre Beys ou Sangiacs, qui sont les Lieutenans & les Agas ou Commandans des sept corps de Milice.

Quoique le Bacha soit comme le Chef du Gouvernement, & qu'il ait une grande autorité, il ne peut rien entreprendre de considérable que de l'avis & du consentemeut des Beys & des autres Officiers. Il n'a ses Provisions que pour un an. Mais il est ordinairement continué jusqu'à trois

années ; il y a même des Bachas qui l'ont été jusqu'à quatre, d'autres ne l'ont été qu'un
an ou deux. Ce Gouverne-
ment est un des plus considérables de l'Empire Ottoman,
aussi ne s'obtient-il qu'à force
d'argent. Il faut qu'un Bacha
qui vient en Egypte compte
sur une dépense de 4 à 500000
écus avant que d'arriver au
Caire, & il n'y a point d'année de continuation qu'il n'a-
chete par des présens, de plus
de cent mille écus.

Les charges de ce Gouver-
nement sont de même très-
considérables : un Bacha est
obligé de payer tous les ans
600000. écus au Grand Sei-

gneur ; ce thréſor qu'on nomme Haſna, eſt conduit à Conſtantinople par terre aux dépens du Bacha, & coûte infi-
niment à voiturer. Il eſt obligé de donner chaque année
une ſomme preſqu'égale pour
les proviſions du Serail en ſucre, en caffé, en ſorbet, en
ris & en beaucoup d'autres
denrées ; enfin il doit encore
faire la dépenſe du Pavillon
que le Grand Seigneur envoye
tous les ans à la Mecque avec
un préſent de cent mille écus
pour le même lieu, & cent
mille autres pour Damas, où
ils ſont envoyés tous les ans
pour fournir aux frais de la Caravane qui part de cette Ville
pour l'Arabie.

Au moyen de toutes ces dé-
penses & du payement des
Troupes que la Porte entre-
tient dans ce Pays, le Bacha
jouit de tous les revenus du
Grand Seigneur en Egypte,
qui pourroient, outre l'entretien des Troupes, rapporter
encore plus de douze millions
s'ils étoient ménagés avec éco-
nomie. De-là il est aisé de
concevoir que le Gouvernement de l'Egypte vaut souvent
plus au Bacha qu'il ne produit
au Grand Seigneur, sur tout
lorsqu'il arrive une peste. Alors
en trois ou quatre mois que la
contagion a accoûtumé de du-
rer, le Gouverneur amasse
des richesses immenses. Un

feul jour peut lui valoir deux ou trois cens mille écus par le décès des Moultezems ou Seigneurs des Bourgs & des Villages, parce que les Lois de l'Etat veulent que quand ils meurent fans avoir furvêcu quarante jours après avoir vendu ou réfigné les Terres dont ils font Seigneurs, leurs biens foient confifqués. Le Bacha qui en profite fous le nom du Grand Seigneur, en tire des fommes prodigieufes. Il y a des femaines où il vend trois ou quatre fois le même bien qui lui revient rapidement par la mort fucceffive de ceux qui l'ont acheté. Son Palais eft dans le Château du Caire;

Caire ; il y tient le Divan ou Conseil général trois fois la semaine , le Dimanche , le Mardi & le Jeudi. Il est composé des Beys & des Agas des sept corps de Milice. C'est dans ce Conseil que l'on regle tout ce qui regarde le Gouvernement de l'Egypte, & l'on est obligé d'en suivre en tout tems les décisions.

Les Beys qui résident presque toujours au Caire , sont prépofés par le Bacha pour gouverner les dix-sept Provinces d'Egypte ; ils ont soin de faire payer les droits qui se levent dans chaque Territoire au nom du Grand Seigneur : ils sont encore chargés de dé-

G

fendre leur Gouvernement contre les Arabes, qui de tems en tems font des courfes dans ce Pays, à deffein de le piller. Dans ces occafions les Beys affemblent leurs Milices pour diffiper les troupes vagabondes de cette Nation, qui quoiqu'elle puiffe mettre fur pied 10. à 12000. hommes fous un feul Cheik ou Prince, n'eft à craindre que par fon impétuofité, qui fe rallentit par la moindre réfiftance. Quoique l'on compte 24 Beys, il arrive rarement que ce nombre foit complet. Comme ils font au choix & à la nomination du Pacha, & qu'il y a par an fur le Thréfor Royal une certaine somme affignée pour payer leurs appointemens, s'il y en a un qui vienne à mourir, ou que par quelqu'autre accident il y ait une place vacante, le Bacha ne manque point de chercher un prétexte pour dif-férer de nommer un nouveau Bey, parce qu'il eſt le ſeul qui profite de ce qui reviendroit par jour à celui qui feroit re-vêtu de cette dignité.

Ce profit eſt confidérable pour le Bacha, parce qu'un Bey touche par jour près de dix-neuf livres, je ne parle que des appointemens ordinaires; car lorfqu'il fait un voyage pour le ſervice de l'Etat, ou qu'il eſt employé à la guerre, il a par jour 37 liv. 10 f. Le Bacha, après avoir prolongé autant qu'il a pu la nomination d'un Bey, examine la lifte de ceux qui demandent cette dignité, pour en choifir un de qui il reçoit 20. ou 25. Bourfes[1] chacune valant deux mille livres de notre monnoye.

Cette place eft prefque toujours accordée à des Efclaves, que leurs Maîtres ont enrichis. La cérémonie de leur inftallation confifte à les revêtir d'un Caffetan, qui eft une Vefte particuliere, & à leur affigner une garde de Cavalerie, qui eft plus ou moins

---

[1] Dans le refte de l'Empire la Bourfe ne vaut que 500. écus.

forte selon l'étendue de leur Gouvernement.

Comme le Bacha peut les faire mourir, & le fait quelquefois fur le moindre prétexte, afin de profiter de leurs dépouilles, pour être en fureté de leur vie, ils ne manquent pas de fe mettre fous la protection, foit des Janiffaires, des Afaps ou des Spahis, fouvent même fous celle de ces trois corps enfemble, ce qu'ils obtiennent aifément lorfqu'ils font en état d'en faire la dépenfe; alors le Bacha qui n'a aucune autorité fur ces Milices, & qui a tout à craindre d'elles, n'ofe paffer plus avant.

G iij

Outre la paye accordée aux Beys par le Grand Seigneur, ils ont de grands revenus en bled, en orge & en d'autres effets femblables; fans compter les préfens qu'ils reçoivent annuellement de ceux qu'ils protegent : il ne faut pas s'étonner s'ils paroiffent avec tant de magnificence dans les jours de cérémonie : ils font accompagnés de grand nombre de Cavaliers & d'Efclaves montés fur des chevaux de prix couverts de harnois de vermeil doré, avec des houffes brodées d'or & d'argent traînantes jufqu'à terre : lorfqu'ils fe promenent au Caire & aux environs, ce qui arrive deux fois la semaine, le Mercredi & le Samedi, ils forment une cavalcade des plus magnifiques & des plus brillantes.

Au-dessous d'eux sont les Kiachefs ou leurs Lieutenans, ensuite les Moultezems, dont nous avons parlé un peu plus haut, qui ne laissent pas d'avoir une grande autorité dans les Bourgs ou dans les Villages dont ils sont Seigneurs : on les installe sans observer aucune cérémonie.

Les Agas sont ceux qui commandent les sept corps de Milice, & ausquels le Grand Seigneur fait payer de quoi entretenir 20000. hommes de Cavalerie & 20000. hommes d'Infanterie. Mais pour profiter de la somme deſtinée aux ſoldats, ces Officiers font ſi bien qu'il n'y a jamais ſur pied tout au plus que la moitié de ce nombre.

La Cavalerie eſt compoſée de cinq corps différens; ſçavoir, des Mouſtafaragas, des Gugnulli, des Tufenktchis, des Cherakſas & des Chiaoux.

Les Mouſtafaragas ſont la premiere & la plus noble des Milices. Mais la moins eſtimée, c'eſt une eſpece de nobleſſe à cheval au nombre d'environ 2000. Ce corps à la tête duquel eſt le Bacha, eſt comcompoſé d'une partie des gens de ſa Maiſon & de quelques riches Marchands qui font fous fa protection, dont la plûpart n'ont jamais fervi. Ils ont la garde de tous les Châteaux, excepté celui du Caire. Ils font à Alexandrie, à Roffette, à Damiette, à Thiné, à Suez, & les autres font dans toute l'Egypte à la fuite des Kia-chefs, Lieutenans des Beys dans les Provinces : on en ex-cepte les Chiaoux qui n'ont aucune demeure fixe ; leur em-ploi eft d'être continuellement à cheval pour découvrir ce qui eft tombé aux Parties Ca-fuelles, & pour veiller aux au-tres revenus femblables du Grand Seigneur.

L'Infanterie eft compofée

des Janissaires & des Asaps ; ils sont en garnison dans le Château du Caire. Ces deux troupes sont toujours opposées entr'elles.

Comme le Bacha n'a aucun pouvoir sur tout ces différens corps de Milice, son adresse consiste à maintenir entr'eux la mésintelligence & la jalousie, afin de gouverner avec une plus grande autorité.

Les troupes sont payées de trois mois en trois mois par leur Trésorier, qui va recevoir la paye au Château, & qui la distribue ensuite aux soldats. Chacun ne peut avoir moins de trois sols par jour. Un Esclave présenté par son

Maître, peut être reçu dans le corps des Janiſſaires, & s'il a amaſſé quelqu'argent, il peut, avec de la conduite, monter inſenſiblement aux Charges, & arriver, comme un autre, à la tête de ſon Corps.

De l'adminiſtration de la Juſtice.

La Juſtice eſt adminiſtrée par le Cady. Les Turcs ne brouillent pas beaucoup de papier pour l'inſtruction d'une affaire. Ils font venir d'abord les témoins ; & ſi par exemple il eſt queſtion d'une dette de particulier à particulier, on envoye des Chiaoux aux débiteurs pour en exiger le paye-

ment, & outre ce qui revient
au Chiaoux, il y a dix pour
cent au Kadi. Mais si la somme tarde trop à se trouver,
on met le débiteur en prison;
s'il s'agit d'argent dû au Sultan, on donne la bastonnade
au débiteur dès qu'il déciare
qu'il n'a pas de quoi satisfaire.

Pour les crimes capitaux,
le supplice ordinaire aux gens
du commun, est d'être empa-
lé, & le supplice de la noblef-
se & des personnes distinguées, est d'être étranglées,
ou d'avoir la tête coupée. Au
reste on accommode pour de
l'argent toutes les affaires qui
ne regardent point l'Etat, ex-

cepté le larcin, qui est toujours puni de mort sur le lieu
où il a été commis.

De la Religion des Habitans du Caire.

Le plus grand nombre pro-
fesse la Religion Mahométa-
ne, les autres sont Chrétiens
ou Juifs.

Tout le monde sait que les
deux Articles fondamentaux
du Mahométisme consistent à
reconnoître qu'il n'y a point
d'autre Dieu que Dieu, & que
Mahomet est le plus grand
des Prophêtes. Il y a quatre
Sectes qui ont chacune leur
Mufti. Nous en avons parlé

en traitant de la Mosquée de Dgiamiashar. Leur autorité est très-grande, ils ont celle d'excommunier les Bachas même, on en a un exemple dans Ibrahim l'an 1672 , qui vouloit prendre une partie des legs & des rentes des Mosquées du Caire ; ils l'empêcherent parlà d'exécuter son sacrilege, & au cas que leur excommunication n'ait pas son effet, ils ferment alors les portes de leurs Mosquées, ce qui fait soulever le peuple, qui ne s'appaise que par la mort du Bacha. Je ne m'étendrai pas sur les principes de cette Religion, personne ne les ignore; je ferai seulement remar-

quer que les Turcs qui vivent
en Egypte , ont conservé les
restes de l'ancienne superstition de ces peuples. Il n'y a
point de Pays où les Procef-
sions soient si fréquentes , les
Mahométans les font pour ho-
norer leurs Santons ; les uns
dansent , d'autres sautent ,
quelques-uns heurlent ; plus
ils font de folies, plus ils se
croyent possédés de l'esprit de
leur Prophête : ceux qui font
à leur aise , font porter dans
ces Processions de quoi donner à manger aux pauvres :
ils font des vœux pour les enfans malades , ou autres per-
fonnes , & aussi pour l'heureux
retour des Pelerins de la Mec-

que. Nous avons parlé ailleurs des ablutions qui font fréquentes parmi eux. A l'égard de la circoncifion, elle fe fait avec grande folemnité : mais les Turcs la different quelquefois de plufieurs années après la naiffance ; car l'Alcoran n'en détermine pas le tems, comme faifoit la Loi Judaïque. Ils obfervent avec grande régularité leur Ramadan [1] qui dure pendant une Lune.

Les Chrétiens Coptes qui font le plus grand nombre, fuivent les erreurs d'Eutiches, qui n'admettoit qu'une nature en Jefus-Chrift. Ils ont fait un mélange du Mahométifme

------

[1] Efpece de Carême.

avec

avec le Christianisme. Ils pratiquent les ablutions comme les Mahométans ; ils vouent de l'huile ou des cierges qu'ils portent à l'Eglise de S. Georges, & quelquefois aux Tombeaux des Santons. Les Turcs font la même chose même dans les Eglises des Chrétiens Coptes ; les uns & les autres ont coûtume dans leurs besoins ou afflictions d'égorger des animaux qu'ils distribuent aux pauvres.

Les Coptes choisissent souvent l'Eglise de S. Georges pour ce Sacrifice , nommé d'Abach , dans leur langue. La premiere fois qu'ils rasent les enfans , la cérémonie s'en

H

fait dans l'Eglife , & eft toujours fuivie d'un feftin. Les
Chrétiens Grecs obfervent le
même ufage.

On peut dire des Coptes
qu'ils font ignorans & obfti-
nés dans leurs erreurs ; ils n'aiment à s'inftruire ni à être
inftruits : les opinions de leurs
Evêques & de leurs Prêtres
font l'unique regle qu'ils veulent fuivre.

Les Miffionnaires n'y font
pas beaucoup de fruits ; s'il
s'en convertit , c'eft par des
vûes d'intérêts ; & lorfqu'on
ceffe de leur faire du bien , ils
retournent bientôt à leur premiere erreur.

Ils s'accufent en général

d'être pécheurs de pensées, de paroles & d'actions, sans s'expliquer davantage. Ils reçoivent l'absolution du Prêtre en ces termes : Dieu te pardonne, Allah-ïeramac.

Ils sont très-scrupuleux sur les jeûnes ; ils ne font qu'un repas quelque tems avant le coucher du soleil : ils ne mangent ni poissons, ni œufs, ni beurre, ni huile, & ne boivent que de l'eau, & les malades ne sont pas dispensés du jeûne.

Ils baptisent leurs enfans mâles après quarante jours, & les filles au bout de 80, quelquefois même ils retardent cette cérémonie de plusieurs années : ils observent la circoncifion comme le baptême.

Les Grecs qui fuivent le Schifme de l'Eglife de Conftantinople, ont un Patriarche, qui prend le titre de Patriarche d'Alexandrie. Outre l'Eglife Patriarchale, ils ont un Monaftere d'hommes qui ne dépend point du Patriarche, & qui releve immédiatement de l'Abbé ou Evêque du Mont Sinaï, qui lui-même eft indépendant. Ces deux Maifons ne font qu'un feul corps, & ne vivent que des aumônes que quelques-uns de ces Religieux vont recueillir en Turquie & en Mofcovie. Il y a auffi un Monaftere de Filles Grecques. Les Arméniens, en petit nombre, ont aussi leur Eglise. L'origine & le principe de leur Schisme, est de ne reconnoître qu'une seule nature en Jesus-Christ. Ce fut Jacques Zangales qui introduisit cette erreur chez les Arméniens, & les Disciples de cet Evêque ont été nommés Jacobites.

Il y a au Caire deux sortes de Religieux Italiens de l'Ordre de S. François ; les uns dépendent de la Custodie de Jerusalem, & font les Curés nés de tous les Francs qui sont en Egypte : les autres sont des Religieux de la Propagande ; leur Supérieur est nommé par cette Congrégation , ainsi que les Religieux ; ils font les fonctions de Miſſionnaires, de même que les Peres Jeſuites & les Capucins qui y ont des hoſpices. Les Maronites qui font au Caire ſuivent le Rit Latin.

Les Juifs ont pluſieurs Synagogues dans cette Ville.

Des Mœurs & Coûtumes des Habitans du Caire.

Leurs mœurs & coûtumes font en général les mêmes que celles des Egyptiens. Ils font naturellement enjoués, ils aiment le repos & la molleſſe ; l'attachement qu'ils ont pour leur Pays les en laiſſe rarement sortir : on les accuse d'être lâches, poltrons, & enclins au vol ; plusieurs d'entr'eux affectent de se donner pour Magiciens. L'expression la plus méprisante est d'appeller quelqu'un Fellaq. Leur passion est la Musique, les Processions, les Fêtes, les Spectacles. Il n'y a pas de jour qu'on ne voye au Caire plusieurs de ces Fêtes toutes accompagnées d'instrumens & de voix. Ce qui est le plus digne d'être remarqué, ce sont les illuminations qui se font avec des lampions qu'on met dans un goblet de verre profond, en sorte que l'huile ne montant jamais qu'à la moitié ou au tiers de ce goblet, ſes bords plus élevés préſervent la lumiere, & l'empêchent d'être éteinte par le vent. On a porté cet art au ſouverain degré de perfection, & l'on figure avec ces lampions des Tours, des Palais, des Batailles même.

On ne ſauroit trop louer la ſobrieté des habitans du Caire. Le pain & les moindres légumes ſuffiſent pour les contenter. Si on y joint un peu de fromage fait de lait de vache ou de bufle, ou quelqu'autres mets ſemblables, alors la chaire eſt complette, le bœuf & le bufle s'y ſervent ſur les tables des perſonnes d'une con-

dition

dition médiocre ; les riches ou les gens de diſtinction ne ſouffrent ſur leur table que du mouton & de la volaille ; le porc eſt réputé immonde par les Turcs & les Juifs; pluſieurs Chrétiens même, & ſur tout les Coptes, s'en abſtiennent. Dans les mois d'Avril & de Mai on ne mange guère de viande, on ne vit que de poiſſon ou de ris, qui eſt une nourriture aſſez ordinaire. On ne boit guere que de l'eau du Nil. Le caffé, le ſorbet, les eaux de fleurs d'orange ou de canelle ſont les liqueurs dont on fait le plus d'uſage. Il y a une autre boiſſon que l'on fait avec de la farine d'orge détrempée dans de l'eau , & dans laquelle on mêle quelque drogue qui entête.

A la fin des repas les Turcs ont en toute occasion ces mots à la bouche : Dieu seul est immortel & immuable , & tout ce qui est dans ce monde passe aussi promptement que l'éclair.

Les hommes marchent les jambes nues , n'ayant pour toute chaussure que de simples souliers. Dans les maisons, soit hommes , soit femmes , ne se servent que d'une espece de pantoufles qu'ils quittent dès qu'ils sont assis.

Les femmes ne portent chez elles , & souvent dans les rues , qu'une simple chemise avec un caleçon de toile. Elles se baignent & se parfument fré- quemment : leur parure est beaucoup plus riche & plus magnifique qu'en Europe. El- le consiste en quantité de per- les & de pierreries précieuses, en étoffes de prix , & en fou- rures très-cheres. Il y a l'ha- billement du Pays & l'habil- lement Turc, l'un & l'autre a ses agrémens; l'un est plus bi- zarre, l'autre est plus commo- de. Les femmes usent de tous les deux suivant l'occasion.

Lorsqu'elles sortent , elles sont moins parées que dans leurs appartemens. Elles ont le visage couvert d'une longue piece de mousseline qu'elles lient au haut de la tête ; elle est ordinairement brodée, & a deux ouvertures à l'endroit des yeux. Comme elle est très-fine , elle n'intercepte point la respiration, qui se fait librement au travers de ce voile, sur tout lorsqu'on y est accoutûmé ; d'ailleurs il n'est point attaché par bas , & se leve quand on veut. Il est ordinairement de couleur rouge pour les filles. Par-dessus elles s'enveloppent d'un grand linceul de toile de coton très-fine, qu'on nomme dans le Pays, Tzaar-abiad. Il n'y a que les femmes à leur aise, ou qui se piquent de garder toutes les bienséances chez qui ce grand voile est en usage ; les autres se contentent d'un simple morceau de toile, souvent même d'une chemise qu'elles jettent sur leur tête, & sortent dans ce burlesque équipage.

Les Mahométans méprisent extrèmement les originaires du Pays, qui sont obligés de prendre des femmes parmi leurs Tribus, pendant que les Turcs en font venir pour eux de Moscovie, de Georgie & de l'Abyssinie, où les femmes, quoique basannées, sont les mieux faites du monde, & d'une humeur égale. Elles ont un air majestueux & galant.

Le peu d'éducation , la vie oisive , les discours qu'elles tiennent entr'elles , où il ne règne ni pudeur , ni retenue, le peu d'attachement que leurs maris ont pour elles , le penchant qu'elles leur connoissent pour d'autres objets, la chaleur du climat , tout cela les rend extrèmement portées à la galanterie , & fort ingénieuses à conduire leurs intrigues.

Si les femmes sont peu chastes au Caire, les filles en revanche y sont obligées à une grande retenue. La moindre faute les exclut pour jamais du mariage , & la moindre preuve qu'elles eussent forfait à leur honneur, expoſeroit leur vie. Les femmes ont la permiſſion au Caire de ſe rendre viſite, comme dans les Pays où elles ſeroient dans une entiere liberté, & leurs viſites durent quelquefois des journées entieres. Elles ſe régalent & ſe divertiſſent de leur mieux. Leur plus grand plaiſir alors eſt de changer d'habits, & de ſe traveſtir de différentes manieres. Plus une femme qui reçoit la viſite d'une autre a de conſidération pour elle, plus elle affecte de s'ajuſter, & c'eſt la marque d'attention la plus grande qu'elle puiſſe lui donner. Lorſqu'une femme de diſtinction

va chez une de fes amies,
plufieurs Janiffaires marchent
devant elle, fes Filles la fuivent avec fes Efclaves, &
chacune a foin de fe parer du
mieux qu'elle peut. Lorfqu'elles ont pris le caffé, le forbet
& le parfum, elles fe mettent
à fumer, & c'eft alors qu'un
petit air de débauche les rend
tout-à-fait charmantes : elles
fe mettent quelquefois à la fenêtre leur pipe à la bouche,
& font paroître un air fi galant, qu'on prend un extrème
plaifir à les regarder.

Lorfqu'il y a quelques ré-
jouiffances publiques, foit à
la naiffance d'un fils du Grand
Seigneur, ou pour le gain

d'une bataille, elles ont la permiffion de fortir le jour & la
nuit, & d'entrer où bon leur
femble, toutes les maifons
étant alors ouvertes. Elles fortent auffi tous les Vendredis
pour aller vifiter les fépulchres
de leurs parens, & prier Dieu
pour les morts : & quand elles
n'ont point de bains dans leurs
maifons, il leur eft permis
d'en aller chercher en ville.
Tout cela paroît fort oppofé
à l'exacte clôture où les Turcs
tiennent leurs femmes ; mais
outre que les mêmes hommes
ont fouvent des maximes fort
contraires, il faut favoir que
dans leurs vifites ou promena-
des, les femmes font toujours

ſuivies des Eunuques & d'autres perſonnes affidées qui ne
les perdent point de vûe, &
qui ſont auſſi difficiles à tromper, que les maris eux-mêmes.
D'ailleurs le même privilege
qui eſt attaché au Harem ou
Appartement des femmes, eſt
attaché à leurs perſonnes. On
n'oſe leur faire la moindre in-
ſulte, & ſi cela arrive quelquefois, il leur eſt permis de
prévenir l'inſolence, en don-
nant avec leur Babouche ſur
le viſage de celui qui perd le
reſpect, & c'eſt le plus grand
affront que l'on puiſſe recevoir. Je ne puis ſupprimer la
maniere ingénieuſe dont elles
ſe ſervent pour ſuppléer aux

billets de galanterie par diverses choses mises séparément
dans un mouchoir, comme du
sel, de la paille, du froment,
un petit morceau de pain, du
bois & d'autres semblables ba-
gatelles. Chaque chose à sa
signification particulière, aussi
bien que chaque maniere différente de les nouer dans le
mouchoir. Par-là une femme
donne aussi surement un ren-
dez-vous, & fait une décla-
ration aussi nettement que si elle mettoit la main à la plume.

Leurs Harems ou Apparte-
mens sont toujours séparés, &
les Turcs n'ont pas coutûme de manger avec elles. Ils
sont très-charitables: lorsqu'un

Etranger fe trouve chez eux dans le tems des repas , ils ne manquent jamais de lui dire, Befmellé , volontiers , & on leur fait plaifir de refter.

Ce qui paroîtra fingulier, c'eft que les Eunuques ont des Serails , où ordinairement font renfermées les plus belles femmes.

On fe fait des préfens lors des mariages des Chrétiens du Pays & des Mahométans.Lorf-que ceux-là vont à Jerufalem, ou ceux-ci à la Mecque , & fur tout au retour de ces péle-rinages , on pratique le même ufage au baptême des Chré-tiens , & à la circoncifion des Turcs. Ces préfens font rendus en pareille rencontre.

Cette coutûme s'obferve principalement dans les vifites fréquentes qu'on fe fait les uns aux autres pendant le cours de l'année, & qui font toujours précédées de préfens de poules, de moutons, de ris, de caffé, ou autres provifions.

Quoique les vifites fe faffent dans la même ville, elles durent trois ou quatre jours, quelquefois jufqu'à huit. On mene toute fa famille avec foi, fi on en a, & on y fait porter des préfens proportionnés au rang que l'on tient. Le premier repas & le dernier, font des feftins de cérémonie ; on y donne le parfum, & on y obſerve toutes les autres pratiques qui ſont en uſage dans le Levant.

La coûtume ordinaire lorſqu'on s'aborde, eſt d'abaiſſer la main juſqu'aux genoux, de la porter enſuite ſur la poitrine, de ſe prendre les mains l'un à l'autre en ſigne d'amitié, & on ſe fait les complimens ordinaires en pareilles occaſions.

Celui qui recherche une fille, doit lui faire une dot, & donne une ſomme au pere. Il ne la voit jamais avant le mariage, ſur tout lorſqu'elle eſt promiſe. C'eſt au ſon des tambours & des fifres que les

perſonnes un peu à l'aiſe, font
conduire les mariées à la maiſon du mari. La répudiation
eſt admiſe même chez les Coptes. Il ſuffit qu'un homme témoigne au Patriarche qu'il
n'eſt pas content de ſa femme, ou celle-ci de ſon mari,
pour permettre la répudiation.

Les Coptes, comme les
Turcs, marient leurs enfans à
ceux de leurs freres & ſœurs
ſans demander diſpenſe.

Lorſqu'une femme Turque
ne peut avoir d'enfans de ſon
mari, elle lui donne ſon Eſ-
clave, ou lui en achete une.
Les enfans qui en naiſſent,
ſont réputés appartenir à la
Maîtreſſe, elle les tient pour

tels, & les éleve sur ce pied. L'adoption est aussi en usage chez les Turcs ; ils adoptent quelquefois les fils ou filles de leurs Esclaves.

Quand quelque personne riche meurt, on lave le corps plusieurs fois avec de l'eau-rose, on le parfume ensuite avec de l'encens, de l'aloës & quantité d'autres odeurs, après cela on l'ensevelit dans une étoffe mouillée, moitié soye, moitié coton. On couvre cette étoffe d'une autre qui est simplement de coton, quelques-uns y en ajoutent une troisiéme. On donne aussi au mort un de ses plus beaux vêgemens. Les femmes empor-

tent

tent toujours avec elles le plus riche de leurs habits.

Pendant que le mort est dans la maison, les parentes & les amies du défunt font des cris horribles ; elles s'égratignent & se frappent rudement le visage. On fait venir des joueuses de tambour de basque qui chantent des airs lugubres, qu'elles accompagnent du bruit de cet instrument, & de mille contorsions. Elles conduisent le corps à la sépulture, mêlées avec les parentes & amies du défunt, qui toutes ont ordinairement les cheveux épars comme des Bacchantes, la tête couverte de poussiere, le visage barbouillé d'indigo,

K

ou simplement frotté de bouë, & heurlent comme des enragées. Cet usage de pleurer les morts est passé jusqu'aux Chrétiens du Pays.

Lorsqu'un malade est près d'expirer, si c'est un Chrétien, on lui tourne le visage vers l'Orient, si c'est un Mahométan, on le lui tourne vers la Mecque. On paye certains droits pour ceux qui présentent le cadavre dans les lieux où il doit être inhumé.

Tant que le veuvage dure, la femme est obligée de pleurer son mari deux fois au moins la semaine. Lorsque les parens ou les amies de la veuve viennent lui rendre visite, la bienséance veut qu'elle les régale de fanglots & de larmes. Plus elle s'en acquitte abondamment, plus elle eft eftimée. Elles vont prier & pleurer fur la fépulture des morts au moins deux fois la femaine : on jette fur les tombeaux du rihan ou bafilic ; on les couvre auffi de feuilles de palmier.

On va conftamment tous les Samedis verfer des larmes fur les tombeaux ; on y fait dire beaucoup de prieres, & on répand de grandes aumônes à l'intention des défunts.

On s'affemble tous les ans le jour de la mort d'une perfonne dans l'endroit où elle eſt inhumée pour la pleurer. La mémoire des morts n'eſt guère moins précieuſe aux Turcs qu'aux Chrétiens.

Il y a aux vieux Caire un Cimetiere qu'ils ont enlevé aux Chrétiens, où tous les ans ils s'aſſemblent régulierement en grand nombre le lende-main de l'Aſcenſion. Ils s'i-maginent ridiculement voir remuer les os & reſſuſciter les morts, & rien ne pourroit les déſabuſer de cette chimere.

Comme mon deſſein eſt, autant qu'il me ſera poſſible, de ne rien laiſſer à deſirer pour l'exacte connoiſſance de ma Carte, je décrirai tout ce qui pourroit être digne de quelques remarques, ſoit dans les différens quartiers de cette Ville ou dans ſes environs, en commençant par le vieux Caire, où l'on trouve le quartier de Baboul, qui eſt un reſte de l'ancien nom de Babylone: il eſt vers le midi du vieux Caire, il ne reſte plus aujourd'hui que de grandes Montagnes de ſes ruines, & trois Egliſes Coptes, dont l'une eſt dédiée à la Vierge, l'autre à S. Théodore, & la troiſiéme à S. Jean Aba-kir. Celle de la Vierge eſt, ſelon la tradition des Coptes, la premiere qui fut bâtie au Caire.

Le Quaſſer-il-chama eſt un Château ou Bourg ceint de

murailles près le Forſtat , qu'Artaxerces Ochus Roi de Perſe , fit bâtir. Il a pris ſon nom Arabe d'un Temple qu'il érigea à l'honneur du Feu : on y entretenoit une ſi grande clarté , qu'il fut appellé le Château des Bougies. Les reſtes de ce Temple ſont nommés en Arabe , Koubbet-il-fars, ou le Dôme des Perſes.

Ce quartier eſt preſque tout habité par des Chrétiens.

Il y a une Egliſe nommée Maallaca, très-ancienne, magnifique, très-claire, & la plus belle que les Coptes ayent dans toute l'Egypte. Elle eſt Patriarchale , & celle dans laquelle le Patriarche célebre ſa

Meſſe Pontificale. Les Coptes l'ont achetée d'Amru-ibn-il-Aſſ, comme on le peut voir par le Contrat écrit ſur les murailles de cette Egliſe de la main propre de ce Prince, maudiſſant tous les Mahométans qui la leur voudront ravir. Il y a cinq Heikels ou Chapelles de rang, mais ſéparées l'une de l'autre par de petits treillis de bois, de ſorte qu'on y peut dire cinq Meſſes à la fois, ſans que les Prêtres s'interrompent les uns les autres.

Il y a une petite image de la Vierge ſur une des colonnes, qui, dit-on, a parlé à Ephrem, un de leurs Patriarches.

Près de la Maallaca on voit l'Eglise de sainte Barbe, où, selon la tradition du Pays, son corps repose à main gauche de l'Heikel ; elle est grande & fort claire.

Celle de S. Serge n'est pas loin, elle est assez belle, & paroît fort ancienne. Sous la Nef est une Chapelle soûterraine soutenue par quatre piliers. La tradition des Coptes veut que ç'ait été la maison de Jesus. On montre derriere un Autel l'endroit où étoit son berceau, & dans la partie collatérale à main droite, se voit une niche où il se tenoit, ajoute-t-on, lorsqu'il étoit levé. Les Chrétiens y accourent

en

en dévotion. L'Eglise est desservie par les Coptes ; mais la Chapelle est entre les mains des Peres Cordeliers de Jerusalem, & ils y font les fonctions de Missionnaires.

A quelques pas de S. Serge, en passant par une petite allée qui est à main gauche, est l'Eglise de Notre-Dame dans la rue d'Arb-jttaqua.

On trouve encore l'Eglise de S. George, où il y a un Hopital & un Monastere de filles Grecques.

L'Eglise de Mari-Moncure est grande, élevée & bâtie de très-fortes murailles. On y élit & on y consacre aujourd'hui les Patriarches Coptes : elle

L

avoit été ruinée par les Mahométans, & changée en un Ma-
gasin de cannes de Sucre. Elle
étoit demeurée en cet état
jusqu'au tems du Patriarche
Ephrem , qui sous le règne
du Calife Meez eldin-allah ,
ayant , dit-on , par un mira-
cle transporté la montagne de
Mokatan , qui est derriere le
Château du Caire , pour prouver que la Religion Chrétien-
ne étoit la véritable , & que
celle des Mahométans & des
Juifs étoit fausse , obtint de
ce Calife un ordre pour rebâtir , aux dépens du Fisc , cette
Eglise, avec tous ses bâtimens,
& les autres petites Eglises qui
sont au-dessus.

Le Foſtat eſt un quartier du vieux Caire aſſez conſidérable, où les Grands ont des Maiſons de campagne.

Les Greniers du Grand Seigneur, qu'on appelle en Arabe, *El-Scione*, y ſont placés ; on les nomme communément les Greniers de Joſeph ; ils ne conſiſtent que dans l'élévation d'un mur aſſez nouvellement bâti, lequel environne un grand terrain quarré, qui n'a d'autre couverture que le ciel. On y dépoſe le bled, les légumes & les grains que ceux qui poſſedent des terres ſont obligés de fournir tous les ans pour l'entretien de la Milice ; & afin que ce bled ſoit ponctuellement payé, il y a quatre Agas dans l'Egypte ſupérieure qui réſident à De-neſnef, à Minié, à Monfallut & à Girgé. Ils reçoivent ce bled, & le font tenir à l'Emir El-Scione, ou l'Intendant des Greniers, qui le diſtribue après à un certain jour du mois, à ceux à qui il eſt deſtiné par le Divan.

Comme ces Greniers ſont ouverts, & que les oiſeaux qui s'y rendent en très-grand nombre, & qu'on n'inquiete que fort rarement, y font du dégât dans le cours de l'année, on déduit par cette raiſon à ceux qui en ont la garde, une certaine quantité de meſures de grains.

Sur le bord oriental du Nil & au vieux Caire, il y a un Château, qui paroît avoir été bâti sur des fondemens très-anciens. L'entrée en est difficile, parce que les Turcs y ont une Mosquée. On y voit encore la Colonne qui marquoit exactement l'accroissement du Nil, & dont on attribue l'invention à un nommé Nicolas Gor, Gouverneur d'Egypte, sous l'Empire d'Héraclius. On y avoit élevé deux Talismans, l'un pour empêcher que les Crocodiles qui venoient de la haute Egypte, ne passassent plus avant. Ce Talisman subsiste encore. C'est un morceau de marbre quarré

long, avec la figure d'un Cro-
codile, environné des douze
signes du Zodiaque, & de
plusieurs hieroglyphes. On
prétend que sa vertu subsiste
toujours, & que quand les
Crocodiles sont arrivés près
de ce lieu, ils retournent en
arriere, se renversant sur le
dos. L'autre Talisman avoit
été fait pour contenir le Nil
dans de justes bornes, & l'arrêter dans le Canal qui passe
du côté du vieux Caire. Un
Bacha qui croyoit trouver sous
cette masse des thrésors, la fit
détruire, & peu de tems après
le Nil changea de lit, & prit
son cours du côté de Giza,
ce qui a fait que le Château

eſt reſté ſur le bord oriental du Nil. Sa ſituation le met à couvert de l'inondation de ce fleuve, & il reſte iſolé pendant que les environs ſont couverts d'eau. On voit le long du fleuve des reſtes de murailles qui paroiſſent avoir ſervi de Quais, & qui ne ſont pas éloignées de la Poiſſonnerie.

L'Iſle de Rhoda fertile & bien cultivée, tire ſon nom d'un mot Arabe, qui ſignifie Jardin. Sa longueur eſt d'environ une demie lieuë. Mais elle n'a preſque point de largeur ; elle eſt formée par le Nil qui ſe partage en deux branches. Un peu au-deſſous

& à l'occident du vieux Caire, on y voit une grande quantité de Sycomores & quelques Palmiers. Les habitans du Caire y ont des jardins & des maisons de campagne, où ils vont prendre le frais pendant les grandes chaleurs.

Dans la partie occidentale de cette Isle, on voit des restes de murailles qui paroissent avoir été élevées pour arrêter l'impétuosité du fleuve dans ses débordemens. Dans la même partie est l'Escalier de Moïse : on croit que c'est le lieu où le Législateur des Juifs, après avoir été exposé sur le Nil, fut sauvé par la fille de Pharaon nommée

Thermutis. A la pointe méridionale est un Château qui appartient au Bacha, dans lequel on a la liberté de se promener. Ce qu'il y a de plus curieux est le Mekias, ou le lieu qui sert à mesurer jusqu'où l'eau du fleuve s'est élevée, & non comme quelques Ecrivains l'ont avancé, qu'elle doit être sa hauteur future.

Comme nous n'en avons eu jusqu'à présent aucune description exacte, j'ai cru que le Public me sauroit gré de ne lui rien laisser à desirer de tout ce qui pourroit intéresser sa curiosité sur cet article. Lorsque je fus de retour en France, j'avois dressé un Plan en perspective du Mekias, que j'eus l'honneur de présenter à Monseigneur le Comte d'Argenson , l'illustre Mecéne de ce Royaume, si digne de l'immortalité par ses grands talens pour le Ministere. C'est ce Plan que je me propose de décrire.

Pour aller au Mekias , il y a un passage qui conduit à une vaste Cour , où est la belle Mosquée que Sultan Selim fit bâtir : elle est en si grande vénération aux Turcs , qu'il est très-difficile aux Chrétiens de pouvoir en approcher.

A côté est un Salon où demeure celui qui garde la clef du lieu où est la Colonne qui sert à mesurer l'inondation du

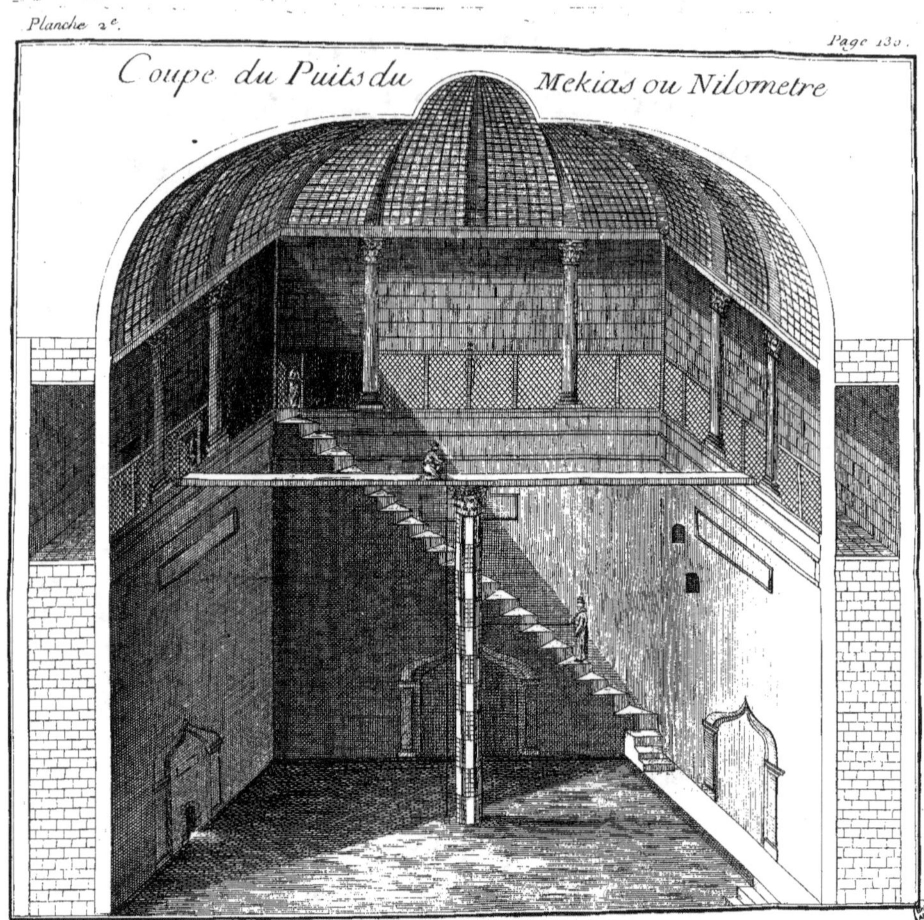
Coupe du Puits du   Mekias ou Nilometre
Page 130.
De la Marcade Sculp.

Nil : il y eſt de pere en fils.
De ce Salon on paſſe au Mekias.

C'eſt un Puits de figure quarrée, dont chaque face a 17 pieds de France, ce qui fait 68 pieds de circonférence.

Au dehors du Puits, & tout au tour règne une aſſez belle Galerie ſoutenue par huit colonnes de marbre blanc, d'ordre Corinthien, & qui ont chacune huit pieds de hauteur. Il y a une baluſtrade au tour du Puits, & une porte qui conduit dans l'intérieur de ce Puits par un eſcalier qui a 21 degrés le long de la premiere face. Il y a une eſplanade dans la longueur de la ſe-

conde face, d'où on defcend
21 degrés jufqu'au fond du
Puits , qui eft parfaitement
bien pavé, & fi bien nivelé,
que l'eau n'en eft ni plus haute ni plus baffe que le lit du
fleuve. Et comme il n'eft jamais fec, l'eau eft toujours
élevée de plufieurs draas au-
deffus de la Colonne. Dans le
tems que nous en prîmes les
mefures , il n'y en avoit que
onze de découverts, par conféquent huit fous l'eau. Il n'eft
donc pas poffible de voir le
fond du Mekias, que quand
on le nétoye, & encore y laif-
fe-t-on entrer difficilement.
Comme les Turcs en général
font fort fuperftitieux, fi un

Chrétien y étoit defcendu , & que durant l'année il arrivât quelques calamités, on ne manqueroit pas de l'attribuer à cette caufe. Ce nétoyement fe fait tous les ans lorfque le Nil eft le plus bas : alors on a foin de boucher les ouvertures qui communiquent les eaux du fleuve avec le Mekias , où il ne refte plus que la vafe , qu'on enleve.

Au milieu de ce Puits eft une Colonne octogone de marbre blanc compofée de deux pieces , qui font jointes enfemble par un cercle de cuivre , dont la hauteur , depuis la bafe jufqu'au chapiteau , eft de 19 draas , comme il paroît

par l'infcription Arabe qui eft
au-deſſous de ce chapiteau, &
qui marque préciſément ce
nombre. On a diſtingué chaque draas depuis la baſe juſqu'au chapiteau par une eſpace
vuide, & par un plein ; celui-
ci eft partagé par une ligne
perpendiculaire en deux parties égales, dont chacune eft
ſoudiviſée en ſix eſpaces égaux;
le premier eft marqué de cinq
lignes paralleles , le ſecond
eft un vuide, le troiſiéme comprend cinq lignes, & ainſi juſqu'à la fin du ſixiéme eſpace.
Dans le côté oppoſé, le premier eſpace eft un vuide, le
ſecond eft rempli de cinq lignes, le troiſiéme un vuide,

& ainſi juſqu'à la fin du ſixiéme. Le même ordre eſt ob-
ſervé dans toutes les faces de
cette Colonne; ſi la premiere
eſt un plein, la ſeconde eſt un
vuide, & ainſi des autres.

Après avoir exactement me-
ſuré chaque draas, j'ai trouvé
20 pouces de France, par conſéquent les 19 draas font 31
pieds 8 pouces.

Le chapiteau comprend un
pied huit pouces. Il eſt d'un
très-beau Corinthien, & paroît n'avoir pas été fait pour
cette Colonne.

Sur le chapiteau eſt appuyée
une poutre qui traverſe le
Puits des deux côtés, dont
l'épaiſſeur eſt de onze pouces,

& la longueur de 17 pieds. Ainſi la Colonne depuis la baſe, en y comprenant le chapiteau & la poutre, a 34 pieds 3 pouces d'élévation.

On peut aiſément aller ſur cette poutre par le moyen d'une porte qui y conduit. Lorſque le Nil s'éleve au-deſſus, alors il y a diſette, parce que les eaux couvrant la terre pendant un trop long eſpace de tems, les gens de la campagne ne peuvent enſemencer.

Sur l'épaiſſeur de cette poutre, & des deux côtés, il y a une inſcription en langue Arabe, d'autant plus curieuſe, qu'elle ne laiſſe aucun doute

ſur

fur l'époque jufte de la conftruction du Mekias. On y lit
que ce Bâtiment fut élevé l'an
de l'Hégire 247, de J. C. 862.
Il n'eft point fait mention du
Prince qui règnoit alors.

Les bords du Puits font en-
vironnés d'une corniche affez
bien travaillée. Au-deffous il
y a une platte-bande qui règne
le long des quatre faces, avec
une infcription en anciens caracteres Couphiftes, que j'ai
traduite. Elle contient une
énumération de tout ce que
Dieu a fait pour le bonheur
de l'homme : c'eft en fa faveur
qu'il a créé le ciel & la terre,
qu'il a placé le foleil & la lune
dans le firmament pour l'éclai-

M

rer pendant le jour & la nuit.
Il a produit les pluyes pour ar-
rofer les terres , afin qu'elles
fourniffent à l'homme ce qui
peut fervir aux néceffités &
aux délices de la vie. Il lui a
fait inventer la conftruction
des Vaiffeaux, afin de communiquer par les mers & les
fleuves les Pays les plus éloignés. En un mot il a comblé
l'homme de tous fes bienfaits,
& même aude-là de ce qu'il
pouvoit imaginer. A la fin de
l'infcription eft une priere
adreffée à Dieu, afin qu'il bé-
niffe Mahomet fon Prophête,
& fes defcendans.

A un pied & demi au-def-
fous de cette premiere platte-

bande, il y en a une seconde
qui contient une autre inscription en mêmes caracteres
Couphiftes. Elle invite l'homme à reconnoître qu'il eft redevable à Dieu de ce qu'il a
répandu les eaux fur la terre
pour la rendre fertile, dans le
tems qu'il n'y avoit aucune
efpérance d'en obtenir. Elle
ajoute qu'il n'y a point d'autre Dieu, que le Dieu vivant
& tout-puiffant, dont la fcien-
ce eft infinie ; que fes deux
thrônes font le Ciel & la Terre. L'infcription finit en di-
fant que la miféricorde de
Dieu foit fur Mahomet fon
Prophête, & fur fes defcendans.

M ij

On ne fera pas moins curieux de favoir comment l'eau du Nil eft conduite dans ce Puits, & les précautions que l'on a prifes afin que l'eau de ce Puits foit toujours de niveau avec celle du Nil.

On obfervera qu'au midi de l'Ifle de Rhoda il y a une voûte de niveau avec le lit du Nil. Elle a un pied en quarré & 26 pieds & demi de longueur. Elle conduit les eaux du fleuve au Mekias par une ouverture faite à ce Puits. Et ces eaux fortent par une autre ouverture du côté de l'Orient, qui répond à une voûte de 12 pieds de large fur quatre de haut dans la longueur de 81 pieds jufqu'au bord oriental du Nil, avec lequel elle eſt de niveau. Cette premiere voû te eſt ſurmontée de deux au tres qui ont les mêmes dimen ſions, & chacune ſon ouver ture dans le Puits. Enfin il y a une voûte de même hauteur & largeur que les trois autres : ſa longueur du Midi au Nord eſt de 53 pieds, elle en a 71 du Mekias, & a dix pieds de l'entrée orientale de la der niere voûte avec laquelle elle eſt de niveau, & qu'elle croiſe dans ſon milieu. Elle ſert de décharge du côté du Nord aux eaux du Mekias, qui y ſont conduites du côté du Midi & de l'Orient.

A *Puits du Mekias , ou Nilometre.*

B *La Colonne du Nilometre.*

C *Palais des Califs.*

D *Cour du Mekias.*

E *Trou au niveau du lit du Nil.*

F *Arcade par laquelle l'eau du Nil entre dans sa plus grande hauteur.*

G *Arcade par laquelle les eaux sortent.*

H *Trois Arcades les unes sur les autres du côté de l'Orient.*

I *Jardin.*

K *Mosquée de l'Empereur Selim.*

L *Birque , ou Puits.*

M *Le Fleuve du Nil.*

N *L'Escalier pour descendre dans les Soûterrains du Mekias ou Nilometre.*

O *L'Isle Rhoda.*

P *L'Escalier de Moïse.*

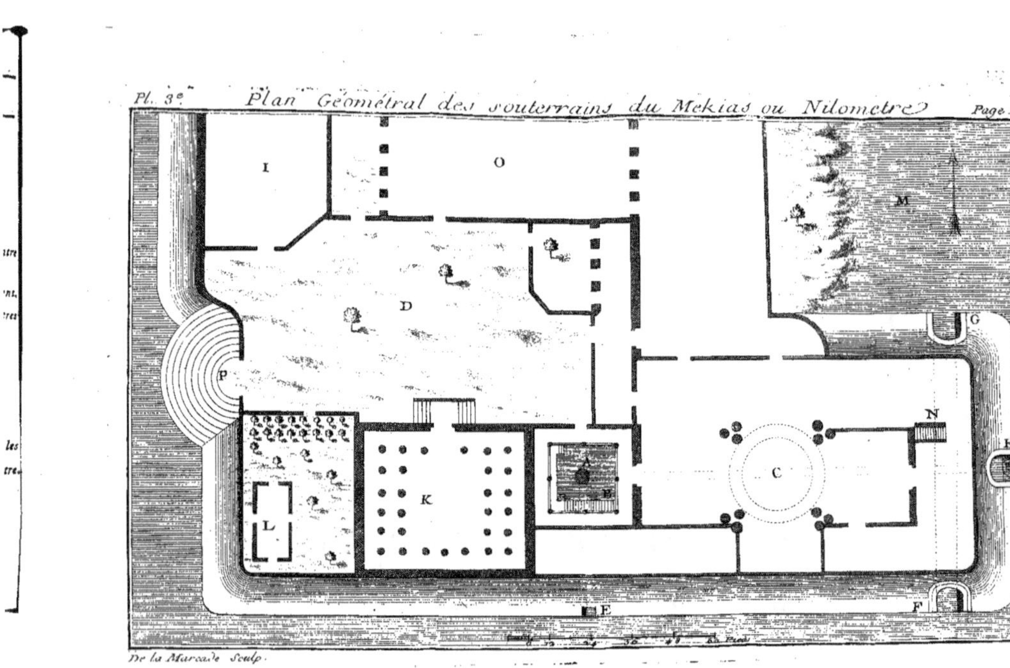

Pl. 3.e
Plan Géométral des souterrains du Mekias ou Nilometre
Page 14
I
O
M
D
G
P
N
C
K
A
B
L
E
F
H
De la Marcade Sculp.

C'est par une invention si utile que l'on sait au juste les différens accroissemens du Nil, & que l'on juge de l'abondance ou de la stérilité des terres d'Egypte.

Tous les ans à la fin d'Avril dans le tems que le Nil est le plus bas, on se transporte au Mekias pour y mesurer la quantité d'eau qui lui reste. On y dresse un acte de cette premiere reconnoissance, on en fait une seconde le 29 Juin ; le Nil se trouve ordinairement alors cru de la moitié à peu près de l'eau qu'il avoit à la fin d'Avril, & c'est aussi de ce jour-là que l'on commence à publier la croissance du Nil. Celui qui eſt chargé de cette fonction ſe tranſporte d'abord an Château pour l'annoncer au Bacha, enſuite il parcourt toutes les rues du Caire, en diſant que le Nil eſt cru cette nuit de tant de pouces, qu'il eſt aujourd'hui à cette hauteur; il eſt ſuivi d'un nombre infini d'enfans qui répetent cent fois ce qu'il dit, en ſorte que perſonne ne peut l'ignorer. On ne ceſſe de publier les jours ſuivans l'augmentation ſurvenue pendant la nuit, de meme que celle de la journée.

Lorſque l'eau du Mekias eſt élevée de 16 draas, & qu'elle touche à une petite marque

en

en forme de niche que les Turcs après la conquête de l'Egypte firent dans l'enfoncement du mur, alors on coupe la Digue du Katilz pour faire entrer les eaux dans le Canal, & l'Egypte doit le tribut au Grand Seigneur, parce qu'il y a abondance ; mais lorfque le contraire arrive, les fermiers du Grand Seigneur, & en général tous les rentiers ne font point tenus de rien payer pour l'année fuivante.

Sous les Califes, il falloit que le Nil fût parvenu à une autre marque qui eft à un draas au-deffus de la premiere, afin que l'Egypte payât le tribut.

C'eft depuis l'endroit où le

Nil se partage en deux branches vis-à-vis la pointe de l'Isle de Rhoda & du vieux Caire, que commence le Kalitz ou Canal qui traverse le nouveau Caire dans toute sa longueur, il n'est rempli que dans le tems de l'inondation ; c'est-à-dire pendant environ quatre mois : le reste de l'année, l'eau est si basse qu'elle y croupit & en fait un cloaque ; quand il est plein, ses eaux se répandent dans les Birques qui sont dans la Ville ou dans ses environs ; elles passent sous neuf ponts depuis l'ouverture du Canal jusqu'à la contrée de France, & vont se rendre un peu plus bas sous de petites arches grillées de fer qui fervent à arrêter les corps qui feroient noyés , & les autres chofes qui pourroient s'être perduesdans l'eau; de-là il s'étend dans la Campagne qui eft un peu plus baffe que l'affiette de la Ville.

Si on en croit *Ibn-abd-ilhokne*, hiftorien Arabe , il fut creufé par ordre de *Tarcis-ibnmalia* , le Pharaon qui prit la femme d'Abraham. Ptolomée le nomme Canal de Trajan , parce qu'il fut ouvert ou réparé par cet Empereur : Quinte-Curce le nomme Oxius.

Depuis la conquête d'Egypte par les Arabes fur l'Empereur Héraclius , il fut appellé Kalitz-Emir-El-Muminin, ou le Canal du Prince des Fidéles, à cause du Calife-Omar qui fut le premier qualifié de ce titre. On dit que dans une grande disette survenue à la Mecque, ce Prince, qui résidoit à Médine donna ordre à Amrou qui venoit de faire la conquête d'Egypte, de lui envoyer des bleds. Ce Général en fit charger un si grand nombre de chameaux, que les premiers étoient arrivés à la Mecque, avant que les derniers fussent partis d'Egypte, quoiqu'ils se suivissent de fort près; ce fut pour rendre ce transport plus facile, que le Calife commanda à Amrou de faire creuser un Canal depuis

le Kalitz jusqu'à Colzim ville
sur la mer Rouge pour y conduire les provisions du Caire,
& de-là jusqu'à la Mecque,
ce qui fut exécuté. Il subsista
jusqu'à l'année 750 de l'Hégire
quand Giafer-Il-Mansur Calife d'Egypte, de la lignée des
Abassides, le fit boucher du côté
qu'il répondoit à la mer. Il en
reste encore quelques vestiges.

A l'égard du Kalitz qui traverse le nouveau Caire, on le
nomme aujourd'hui El-Hake-
mi, à cause du Calife-Hakem-
Ibn-Amr qui fit raccommo-
der ce que la négligence de
ses prédecesseurs y avoit laissé
dépérir. On l'appelle encore
El-Merachemi, ou le Kalitz

pavé de marbre, parce qu'il en est pavé en quelques endroits. Il est de sept pieds de profondeur; mais il n'est rempli que dans le tems de l'inondation.

Quand on coupe la chaussée qui en ferme l'entrée, c'est-à-dire lorsque le Nil est à la hauteur de seize draas, cette ouverture se fait avec beaucoup de solemnité.

Le matin du jour que l'on doit ouvrir le Kalitz, le Bacha vient se rendre dans une maison située entre le vieux & le nouveau Caire vis-à-vis de l'Isle de Rhoda ; il est accompagné de tous les Grands du Pays, & des Magistrats qui

font précédés des trompettes
& d'autres inftrumens de mu-
fique. Une foule infinie de
peuples les fuit en danfant &
fautant avec de grandes dé-
monftrations de joye, de ce
que ce fleuve, qui eft le pere
nourricier de l'Égypte, vient
porter l'abondance dans le
pays. On fait une figure de terre
qui eft de hauteur d'homme,
que l'on précipite dans l'eau.

Il y a apparence que c'eft
un refte de la coûtume qui
s'obfervoit autrefois d'immo-
ler en cet endroit une jeune
fille, dont la mort étoit un
tribut de reconnoiffance que
l'on payoit au fleuve. On dit
que ce facrifice humain a été

aboli par les Turcs. Ce qui m'étonne , c'est que pas un écrivain ancien n'en a parlé , & que nous n'en sommes instruits que par la tradition.

Le matin du jour que l'eau doit y entrer, il est fréquenté d'une multitude de peuples. On y vend des marchandises, & il devient comme une rüe où l'on tiendroit une foire.

Environ sur les dix heures du matin l'on fait entrer l'eau dans le Kalitz , & à midi il y en a assez pour porter des bateaux qui vont & viennent tout couverts de feuillages , avec des hommes qui jouent des instrumens, & d'autres qui chantent.

On a coûtume d'apporter au bord du Canal les enfans qui font nés depuis la derniere inondation ; on les dépouille tout nuds, l'on jette les linges ou la chemife qu'ils ont dans le courant de l'eau qui les emporte, & l'on y plonge ces enfans plufieurs fois de fuite.

Lorfque le Nil n'eft point parvenu à la hauteur ordinaire pour l'ouverture du Kalitz, on ne voit partout que marques de deüil & de trifteffe ; préfage funefte de la famine & de la pefte, qui ne manquent prefque jamais d'arriver dans ces circonftances. Ils vont tous enfemble fur la montagne qui eft du côté du Levant, &

y paffent un jour & une nuit
en prieres ; fi leurs vœux ne
font pas exaucés, ils font le
lendemain de grands cris &
des hurlemens affreux, mais
avec tant de contorfions & de
grimaces, qu'ils écument quelquefois, fur-tout les Turcs,
& reffemblent à de vrais pof-
fédés.

Entre le nouveau & le vieux
Caire, il y a une efpece d'Hip-
podrome, où les gens du pays
s'exercent à la courfe à cheval
avec l'arc & les fleches.

Du Château du nouveau Caire.

Ce Chateau, fitué à l'Orient
de la Ville, eft la feule place

de défense qui soit en Egypte,
il est à mis-côté de la montagne de Mokatan, il a plus
d'une demie lieue de tour, &
domine toute la Ville ; mais
il est commandé par le sommet de la montagne, d'où il
seroit très-facile de jetter des
pierres & incommoder consi-
dérablement la garnison :
d'ailleurs il y a dans le Caire
une ancienne Mosquée très-
vaste & très-haute, qui n'est
séparée du pied de la montagne que par une place sablée,
dont la largeur peut être de
150 pas sur environ mille de
longueur ; cette Mosquée
pourroit beaucoup nuire dans
les soulévemens, parce que

de-là une partie des mécontens empêcheroit aisément à coup de fleches que les deux quartiers opposés du Château n'eussent entr'eux aucune communication, tandis que du sommet de la montagne, d'où l'on découvre toute la place, l'autre pourroit y faire pleuvoir une grêle de pierres.

Ce Château est environné de murailles flanquées de grosses tours, dans lesquelles il y a des appartemens assez commodes pour y loger des Officiers : on a pratiqué dans les murailles plusieurs petits chemins couverts, d'où les soldats peuvent tirer sans danger par des trous qu'on y a ménagés. L'artillerie qui est rangée au dessus, n'est pas fort considérable, les canons ne portant que trois ou quatre livres de balles : si cependant on faisoit construire un fort sur le sommet de la montagne, & que ses fortifications fussent mieux entretenues, on en pourroit faire une très-bonne forteresse ; mais dans l'état où elles sont, elles ne résisteroient guères au canon, les Turcs qui laissent tout périr ne prennent aucun soin de les réparer.

C'est sur les ruines de l'ancien Château de Babylone que Saladin fit bâtir celui qu'on voit aujourd'hui. On n'en peut douter, lorsque

l'on compare ce que Strabon [1]
en a écrit avec ce que j'ai ob-
fervé fur les lieux. Cet ancien
Géographe dit qu'il y avoit
une hauteur depuis le Château de Babylone qui s'étendoit jufqu'au Nil, fur laquelle
on faifoit monter l'eau du
fleuve par des rouës & des
pompes, à quoi 150 Efclaves
étoient continuellement occupés. Le Château moderne
eft dans la même fituation,
fur le penchant de la montagne qui s'étend jufqu'au Nil.
On remarque, quand on en
fait le tour, qu'il a été bâti
plufieurs fois fur des fondemens qui paroiffent être des

[1] *Strab. l. 17. pag. 807.*

anciens Egyptiens , ce qu'on connoît par des grosses pierres bien differentes en couleur & en durée & par des caracteres hieroglyphiques qui sont de la premiere antiquité. On voit encore l'Aqueduc par le moyen duquel on fait monter les eaux du Nil au Château. Il est bâti de pierres de taille, soutenu par 320 arcades ; les inscriptions arabes dont il est chargé, font voir qu'il a été plus d'une fois réparé par les Princes Mahométans. C'est du Nil qu'on fait venir l'eau. Du tems de Strabon, on employoit des Esclaves à ce travail, mais on se sert aujourd'hui de bœufs au nombre de

120 pour faire tourner les
rouës. C'eſt dans le Château
du Caire que Saladin a fait
faire ce magnifique Salon environné de 12 colonnes de
marbre granite d'une hauteur
& d'une groſſeur prodigieuſe,
ſoutenant un dôme ouvert
ſous lequel ce Prince aſſem-
bloit ſon Conſeil & rendoit
la juſtice à ſes ſujets. Une inſcription qui regne autour de
ce dôme, & dont les caracteres en relief ſont de bois doré, fixe trop bien l'époque de
leur conſtruction, pour qu'on
puiſſe les attribuer à un autre
qu'à ce Conquérant : elle contient même le récit de quelqu'unes de ſes belles actions.
C'eſt

C'eſt de-là qu'on découvre toute la Ville du Caire & plus de douze lieues du cours du Nil, avec les plaines fécondes qu'il baigne de ſes eaux, de même que les pyramides de la plaine des Momies & les trois Grandes, les Moſquées, les Villages & les Jardins dont ces campagnes ſont en quelque ſortes couvertes, ce qui offre un aſpect charmant. Cet édifice n'a pas toujours été la demeure des deſcendans de Saladin ni de ceux de ſon fre-re Sirocoë ; pluſieurs de ces Princes aimerent mieux habiter le Caire même, & y bâtir des Palais, dont quelques-uns ſubſiſtent encore.

O

On voit dans ce même Château un autre Divan ou Salle des anciens Rois d'Egypte , dont le dôme est soutenu par 34 colonnes de marbre d'une hauteur & d'une grosseur extraordinaire : elles ont au moins 45 pieds entre la bâse & le chapiteau. Ce Divan est un ouvrage construit du tems que les Arabes commandoient en Egypte , il y a 6 à 700 ans ; on remarque au bout de cette Salle & au tour du dôme qui est ouvert selon l'usage du pays, diverses inscriptions Arabes, dont les lettres sont formées de pieces de bois souvent de la grosseur du bras & de la hauteur d'un homme ; mais ces lettres font entrelaffées d'une maniere fi bifarre, qu'il eft très-difficile de les déchifrer. Cette Salle, qui comme toutes celles que l'on voit au Caire, eft ouverte du côté du Nord afin de mieux recevoir la fraîcheur, fert préfentement de paffage, & l'on a bâti à l'entour des boutiques & des maifons dans lefquelles quelqu'unes des colonnes fe trouvent enfermées.

On trouve encore dans le Château divers autres appartemens anciens, il y en a quelques-uns dont la voûte eft foutenue par deux rangs de colonnes élevées les unes fur les autres, principalement du côté du Nord & de l'Occident. La plûpart de ces bâtimens, malgré leur magnificence, ne servent aujourd'hui que d'écuries : à l'égard de ce qui est habité, il est moderne & très-mal bâti comme font les Turcs.

On voit aussi dans la même enceinte un très-bel appartement & des Divans amirables qui font face à la grande place appellée le Meydan. Ce bâtiment qui n'a pas moins de 600 ans d'antiquité, & dont la beauté est surprenante, aboutit sur une terrasse d'une hauteur prodigieuse qu'on a élevée, avec un mur terrible contre l'escarpement de la roche qui

eſt fort droite & fort haute
en cet endroit. Vers le milieu
du mur eſt un avancement
porté par des arcades à perte
de vuë que ſoutiennent des
pilliers quarrés de 30 à 40 pieds
de diametre : ſur cet avancement s'éleve un Salon percé
de tous côtés, ſur-tout du côté
du Nord., & dont le plafond
eſt appuyé ſur des colonnes ;
delà on découvre tout le Caire,
ce qui forme ſans contredit
une des plus belles vuës du
monde. C'étoit dans cet appartement que logeoient autrefois les Bachas ; mais depuis
qu'un d'entr'eux eut le malheur d'y être étranglé, ils l'ont
abandonné ; aujourd'hui il

n'eſt occupé que par les ouvriers qu'on employe à broder
le magnifique Pavillon que le
Grand Seigneur envoye tous
les ans à la Mecque pour cou-
vrir le Beit-Allah, ou Maiſon
de Dieu.

Les Bachas ont aujourd'hui
leur logement dans un autre
quartier du Château tourné
vers le midi. Le Divan eſt
précedé d'une aſſez belle place
longue de trois cent pas &
d'environ cent de large : il y
a un appartement fort joli ſur
un angle, dont un côté regarde le midi & l'autre le cou-
chant tirant vers le nord. Au
milieu de ce petit appartement
eſt un jardin, dont l'entretien

coûte des sommes considerables & des peines extraordinaires. En effet il faut aller chercher jusqu'au Nil l'eau dont on l'arrose, & plusieurs chameaux sont continuellement employés à ce travail. Ce bâtiment qui a coûté plus de 40000 écus, est aujourd'hui presque tout ce qu'il y a d'habitable dans le Château; mais les Bachas ne s'inquiettent pas des réparations, n'étant que pour un tems dans leur gouvernement: ils ne laissent pas de passer dans leurs comptes les sommes destinées par le Grand Seigneur pour l'entretien de cette forteresse, qui cependant n'en est pas dans un état moins pitoyable, mais leur bourse en est plus garnie.

Il y a dans le Château quatre Mosquées à Minarets, parmi lesquelles il y en a une très-belle & très-riche, dans laquelle est le Tombeau d'un des compagnons de Mahomet. Il est couvert d'étoffes précieuses, sur lesquelles est un turban verd & environné d'une balustrade d'argent doré avec un grand nombre de chandeliers de même métal qui ont 9 ou 10 pieds de hauteur, & plusieurs lampes d'or qui brûlent nuit & jour : cette Mosquée est bâtie d'un très-beau marbre, pavée aussi de marbre blanc & noir par compartimens

partimens, & il règne autour
une Galerie soutenue par des
colonnes de marbre.

Il faut avouer que le quartier des Janissaires & celui
des Asaps ne sont pas absolument négligés; mais ils sont
les seuls, & tout le reste du
Château est en très-mauvais
état. Le quartier des Asaps est
plutôt au - dessous du Château, que dans son enceinte,
étant placé immédiatement
sous l'élévation du grand appartement où on travaille le
Pavillon de la Mecque. Celui
des Janissaires est une espece
de Citadelle bâtie dans le
Château même. Elle forme
une enceinte de cinq ou six

cens pas de circuit, flanquée de groſſes tours de pierres très-fortes avec quelques pieces de Canon. Comme ce lieu commande le logement du Bacha, s'il réſiſtoit aux ordres que la Porte lui adreſſe pour quitter ſon gouvernement, ou dans le cas de quelque révolution, les Janiſſaires ne manqueroient pas de tourner le Canon contre ſa maiſon, qui ſeroit renverſée en peu de tems. Il en eſt de même du quartier des Aſaps, qui eſt également dominé par celui des Janiſſaires.

Ce qu'on voit de plus curieux dans le Château, c'eſt le Puits de Joſeph : quelques-uns prétendent qu'il a été ainſi appellé, d'un Visir de ce nom qui le fit réparer sous le règne de Mouhammed, fils de Calaon, il y a plus de 600. ans. On le nomme aussi le Puits du Limaçon, parce qu'il est tourné en ligne spirale ou en vis. Il est taillé dans le roc : sa profondeur est de 276. pieds. Il se partage en deux moitiés à peu près égales, qui ne sont point perpendiculaires l'une à l'autre. La premiere est un grand quarré dont toutes les faces ont chacune dix - huit pieds, autour de laquelle règne une rampe pratiquée dans le rocher, séparée du Puits par un parapet naturel, ou une cloison qui n'a pres-

que partout que 6. pouces &
un peu plus d'épaisseur , dans
laquelle on a percé de distance en distance de petites fenêtres, qui donnent sur le Puits,
d'où elles tirent leur jour. Cette rampe est sans degrés &
assez large pour que des bœufs
puissent y passer à l'aise , lorsqu'on les fait descendre sur
la platte-forme qui est à l'entrée du second Puits , d'où ils
élevent l'eau en faisant tourner une roue par le moyen de
longues cordes où sont atta-
chés des pots de terre qui se
remplissent , & se vuident
dans un réservoir, tandis que
d'autres bœufs qui sont placés
en haut tournant une deuxié-

me roue, font monter l'eau de cette platte-forme jufqu'à la bouche du Puits.

A l'égard du fecond Puits il n'eft pas à beaucoup près fi large que le premier, à côté duquel il eft creufé; mais il a prefque autant de profondeur depuis la platte-forme jufqu'à l'eau. Il a fallu tailler une furface de près de 10000. pieds à la pointe du marteau, fans compter le chemin qui defcend depuis l'ouverture jufqu'à la platte-forme, & qui eft encore un ouvrage confidérable. On ne peut difconvenir qu'il a fallu du tems & des dépenfes infinies; mais je ne fuis pas du fentiment de ceux qui comparent cet ouvrage aux Pyramides. Monfieur Maillet a fupputé qu'en moins de 20. ans vingt hommes peuvent creufer un Puits femblable à celui-là : le roc dans lequel il eft taillé étant extrêmement tendre , & facile à couper.

L'utilité qui en revient n'eft pas grande , peut-être qu'autrefois l'eau qu'on en tiroit étoit bonne à boire ; mais à préfent elle eft faumache.

On trouve cinq Puits à peu près femblables dans les ruines du vieux Caire au pied des Montagnes : ils font de même creufés dans le roc & d'une profondeur étonnante.

Ce qu'ils ont de particulier,
c'est qu'ils ne font point par-
tagés en deux comme celui
de Joseph, & que le fond répond précisément à l'ouverture comme dans tous les autres Puits du monde. Du reste
ils font presque fur la même
ligne en tirant vers le Midi :
& à côté du Château, dans le
lieu qu'on appelle le quartier
des Domestiques d'Ebn-Tou-
lon, il y en a quatre qui ne
travaillent plus, & ce font les
plus profonds ; aussi font-ils
les plus voisins de la Montagne. Le cinquiéme fournit de
l'eau à une ancienne Mosquée
autour de laquelle habitent
plusieurs familles dans une

efpece de Fortereffe qui femble être colée contre la Montagne; mais l'eau en eft fade
& douceâtre. Il eft probable
que ces Puits fourniffoient autrefois de l'eau à une partie
du vieux Caire, fur lequel
leur fituation dominoit. On
voit encore proche d'un de
ces Puits, des tuyaux de terre
cuite, qui fervoient à la conduire. Il y a encore au nouveau Caire quelques autres
Puits creufés comme ceux-ci
dans le roc, mais ils font fort
éloignés d'avoir la même profondeur.

A 500. pas vers le Nord
du Château du Caire, eft un
vieux Château où les Afaps

logeoient autrefois : il est posé
sur une roche. On y remarque
encore des murs assez entiers,
mais il n'est plus habité que
par des pauvres familles de
Bedouins, qui y ont bâti quelques cabanes. Son étendue &
son élévation n'approchent
pas de celles du Château du
Caire, d'où à peine peut-on
le distinguer des autres édifices, lorsque de-là on consi-
dére la Ville dans laquelle il
est renfermé.

Au pied de ce vieux Châ-
teau est une Fontaine publique qu'on appelle la Fontaine
des Amoureux, & le peuple
débite à ce sujet plusieurs con-
tes ridicules : on y donne ,

comme dans beaucoup d'autres endroits , de l'eau gratuitement. La pierre dans laquelle elle tombe étoit autrefois un cercueil chargé d'hieroglyphes très - bien travaillés , & qui font encore fort entiers : fa longueur eft au moins de huit pieds , & fa forme eft celle d'une Caiffe de Momie : c'eft un beau morceau d'antiquité. Dans cette Plaine , il y a une Sépulture publique digne d'une grande admiration : on l'appelle le Labyrinthe.

Le Caire renferme auffi un très-grand nombre de ces anciens Palais qui furent bâtis & habités par des Rois d'Egypte , ou par les principaux Seigneurs de leur Cour ; & qui , jusques dans leurs ruines , conservent encore les plus beaux restes de leur premiere magnificence.

On trouve dans une de ces ancienne Maisons , peu éloignée de celle du Cadilesker , une Colonne ou aiguille quarrée de marbre granite , sur laquelle on mesuroit autrefois la hauteur de l'accroissement du Nil : elle est chargée de Figures Hieroglyphiques. Mais comme elle se trouve présentement engagée dans un mur , on n'en découvre qu'une partie ; la position de cette Colonne justifie l'antiquité du

Caire , puisque depuis un tems immémorial le Canal du Nil ne passe plus dans cet endroit.

Le Kankalil & le Lanzaoui font deux quartiers du nouveau Caire où se fait le Commerce des marchandises des trois parties de l'ancien continent.

Le quartier des Francs est à une des extrêmités de la Ville en allant à Boulak : c'est où résident les Négocians de France & le Consul Général de la nation. Les Commerçans Anglois & Venitiens ont aussi chacun leur Consul dans le même quartier.

Je ne dois point oublier

quelques monumens dignes de la curiofité des Voyageurs.

Le premier nommé Babel-Fetouh, ou la Porte de l'ouverture, parce qu'elle fut élevée à l'endroit de la muraille où un Roi d'Egypte fit faire une breche pour entrer dans la Ville, dont un autre Prince s'étoit emparé pendant fon abfence. On ne peut rien voir de plus beau, de plus ancien ni de plus entier que cette magnifique Porte : elle eft accompagnée de deux tours qui en font le principal ornement. La forme de cette Porte eft en quarré comme celle des autres portes de la Ville.

La Porte Babel Nafr, ou la Porte de la Victoire, a été

bâtie par un des fucceffeurs de
Méez eldin-Allah , après une
Bataille qu'il gagna fur un
Prince qui étoit venu l'affié-
ger : on peut la regarder comme une des plus belles de la
Ville ; elle n'eft gueres moins
haute & moins large que celle
de S. Martin à Paris. Et les
Turcs, pour exprimer la quantité de bleds qui fe confom-
me chaque jour au Caire, ont
coutume de dire, par une exa-
gération fort commune aux
Orientaux , qu'on y en débite autant qu'il pourroit en
entrer par jour par l'ouverture
de Babel Nafr. Ce fut au-deffus de cette porte & en dehors
de la Ville , qu'après avoir
conquis l'Egypte & pris To-

man Bay le dernier Roi des Mammelucs, le Sultan Selim fit prendre cet infortuné Monarque, & lui fit souffrir les plus indignes traitemens. Ce Prince eut même la férocité de faire représenter au Caire cette action barbare par des Bateleurs en présence de ses femmes & de ses enfans, afin qu'ils ne fussent pas absolument privés du plaisir inhumain qu'il avoit pris à cet odieux spectacle.

La Porte Babelcherir n'est pas moins digne d'admiration environ à un quart de lieue du nouveau Caire. On passe un Pont qui conduit à Boulak, Bourg situé sur les bords

du Nil, qui y forme un Port
très-commode : c'eſt l'abord
de toutes les marchandiſes
qui viennent de l'Europe,
d'Aſie, & des Parties Occi-
dentales & Méridionales de
l'Afrique, d'où elles ſont
tranſportées au Caire, ce qui
rend ce Bourg fort peuplé &
commerçant. Les Juifs y ſont
en grand nombre, & ſousfer-
ment les droits de la Douane
qui y eſt établie.

Entre les Moſquées il y en
a une digne de la curioſité des
Voyageurs.

À la pointe de l'Iſle au
Nord de Boulak eſt un Pa-
lais où ſe fait la réception des
Bachas, lorſqu'ils viennent

prendre

prendre possession de leur gouvernement, & où les Consuls
des Princes Chrétiens sont reçus par les sujets de chaque
nation qui font le Commerce
au Caire.

On voit près de Boulak de
petites Isles avec des Jardins
où les habitans de ce Bourg
cultivent des melons qui sont
d'un goût délicieux.

En sortant du Caire pour
aller à la Matarée, on passe
devant la Coupe des Asaps :
c'est un bâtiment qui servoit
autrefois de demeure à cette
Milice ; on y voit un très-
beau Dôme travaillé à la mo-
saïque.

A l'Est du nouveau Caire,

Q

& à la distance d'environ de deux heures de chemin à cheval, on arrive au Bourg de la Matarée : ce nom, qui en Arabe signifie eau fraîche, lui a été donné à cause d'une belle fontaine qui sort d'un Puits très - vaste & profond, dont les eaux surpassent en légereté celles du Nil. C'est peut-être la seule source d'eau courante qui soit en Egypte : elle peut venir d'un Lac assez voisin, qui, tous les ans est inondé par les eaux du Canal du Caire.

Il y a un Jardin dans lequel croissoit autrefois le fameux Beaume qui entroit dans la composition du Crême , dont l'Eglise Copte se servoit dans le Baptême des enfans , & dont l'espece est perdue.

Dans ce même Jardin est un mur avec une petite fenêtre , qui , dit-on , faisoit partie du bâtiment où Jesus logeoit avec Joseph & sa Mere. Les Chrétiens du Pays ont bâti sur ce mur une Eglise où les Prêtres Coptes disent la Messe ; & à côté les Turcs y ont élevé une Mosquée.

On voit un Sycomore que les habitans du pays croyent avoir servi d'asile à Jesus , à Joseph & à Marie dans le temps qu'ils étoient poursuivis par les Ministres de la cruauté d'Herode. On dit que cet arbre s'entr'ouvrit pour les recevoir dans son sein , & se referma jusqu'à ce qu'après beaucoup de perquisitions inutiles , ceux qui cherchoient à faire périr cette sainte Famille , eurent pris le parti de s'éloigner.

Ce Sycomore est en vénération aux Turcs & aux Chrétiens : il est renfermé dans une enceinte de gazon pour la commodité des dévots. Sa cime est encore verte & couverte de feuilles ; mais son tronc est fort dégradé , surtout par le bas d'où on a enlevé toute l'écorce pour en faire des reliques.

C'eſt dans la Plaine de la Matarée où Sultan Selim campa avec ſon Armée, lorſ-qu'il défit Thoman Bay le dernier Sultan des Mamme-lucs; on y voit encore le re-tranchement de ſon camp. Environ à 300. pas de ce Bourg au Nord, on voit dans un petit Lac une ancienne ai-guille ou obeliſque de mar-bre granite, plantée ſur ſon pied d'eſtal. Cette aiguille, le ſeul de tous les monumens de l'ancienne Heliopolis qui ſubſiſte aujourd'hui dans ſon entier, n'eſt pas également quarrée : il y a deux côtés qui ſont plus larges que les deux autres ; les premiers ont cha-

cun 6. pieds de Roi , & les
autres chacun 5. pieds & demi : fa hauteur paroît égaler
celle de la Colonne de Pom-
pée qui eft à Alexandrie : il
y a peu de caracteres gravés ,
mais ils font tous fort nets ;
& ceux qui font gravés d'un
côté le font encore aux trois
autres.

Il y en avoit une deuxiéme
qui fubfiftoit encore quand
les Arabes conquirent l'Egypte. Ces deux aiguilles étoient
de celles dont on fe fervoit
pour connoître d'avance la
hauteur future de l'accroiffe-
ment du Nil , & qui étoient
furmontées d'une efpece de
chapiteau d'airain , d'où on

avoit le secret de faire couler
autant de goutes d'eau , qu'il
étoit nécessaire pour entretenir la superstition du peuple.
Elles étoient placées dans une
enceinte qui formoit un quarré long , orné d'un grand
nombre de statues : peut-être
étoit-ce l'entrée de quelque
ancien Temple qui avoit autrefois subsisté dans cet endroit.

Au Nord de cette aiguille &
à une très petite distance , est
une figure de Sphinx , assez
semblable à celle qui se voit
à l'Orient de la deuxiéme
Piramide. Ce Sphinx qui est
d'une seule pierre & d'une
grosseur extraordinaire , est à

préfent fur le côté & prefque entierement enfeveli fous le fable : une partie de la tête eft tombée, ou a été brifée avec violence ; on en voit encore les débris fur la place.

Comme le Nil baigne toute cette pierre dans fa hauteur, ce qui n'arrivoit point lorf-qu'elle étoit encore debout ; elle a été minée infenfible-ment par les eaux, auffi a-t-on befoin d'application pour la reconnoître. Elle ne paroît d'abord qu'une maffe infor-me ; mais pour peu qu'on s'attache à l'examiner, on fe convainc d'abord de ce qu'el-le eft véritablement : les ca-racteres hieroglyphiques dont elle

elle eſt chargée , ſont encore fort entiers.

Aux environs de ce Sphinx on trouve pluſieurs autres pierres d'une ſi prodigieuſe grandeur, qu'on les prendroit pour des rochers ſortans de la terre : cette circonſtance jointe à la figure du Sphinx qu'on rencontre au même endroit, pourroit perſuader que ce lieu étoit le Temple du Soleil. La Deſcription que les Hiſtoriens nous ont laiſſée de cet ancien édifice , ſembleroit devoir confirmer cette opinion.

Environ à 300. pas de la Matarée au Nord , étoit l'ancienne Heliopolis nommée

R

On [1] dans le Texte Hebreu, dans le Samaritain, le Chaldéen, le Syriaque & l'Arabe ; mais les Septante & la Vulgate lui donnent le nom d'Héliopolis. Elle a encore eu celui d'Ain-Schems ; c'est-à-dire œil ou fontaine du Soleil. Selon Diodore [2] elle fut bâtie par Actis, fils du Soleil, & de Rhoda qui lui donna le nom de son pere : Pline [3] attribue cette fondation aux Arabes.

Au travers des tristes débris qu'elle offre aujourd'hui

1 *Genes. Ch.* 41. *v.* 45.
2 *Diod. l.* 5. *pag.* 328. *Steph. Byzan.* *au mot* Heliopolis.
3 *Plin. l.* 6. *Ch.* 29.

à la curiosité des Voyageurs, à peine est il possible de reconnoître les moindres vestiges de tant de monumens célebres, de tant d'édifices fameux qu'elle contenoit.

Cette Ville, selon Strabon, [1] étoit située sur une grande digue : il y avoit un Temple consacré au Soleil ; & dans un certain enclos on nourrissoit le Bœuf Mnevis que les habitans d'Héliopolis honoroient comme un Dieu, de même que les Memphites adoroient Apis. Devant la digue il y avoit des Lacs où se déchargeoit le Canal voisin : la Ville étoit déserte au tems

----

[1] *Strab. l.* 17. *pag.* 805.

de Strabon ; on y voyoit un Temple très-ancien, bâti à la maniere d'Egypte , & qui conservoit des marques de la fureur & de l'impiété de Cambyse, qui avoit renversé , mu. tilé , & brûlé les Temples & les obélisques. On a trans- porté deux de ces obelisques à Rome , qui n'étoient point entierement gâtés : d'autres avoient été conduits à The- bes , ou Diospolis ; on en voyoit encore quelques - uns debout, mais que le feu n'avoit point épargnés, & d'autres qui étoient renversés.

Il y avoit aussi un bâtiment sacré , soutenu sur un grand nombre de colonnes , comme à Memphis , d'une fabrique dans le goût barbare ; car outre que les colonnes étoient grandes & en grand nombre, & disposées en plusieurs rangs , il n'y avoit ni peinture , ni graces : c'étoit plutôt un amas de pierres , qui avoit inutilement coûté beaucoup de travail.

On voyoit de grandes Maisons où logeoient les Prêtres qui s'appliquoient à la Philosophie & à l'Astronomie; mais ce genre de vie & ces études n'y étoient plus en usage au tems de Strabon : on ne lui montra personne qui s'y appliquât, mais seulement des hommes dont l'emploi étoit

R iij

de diriger les Sacrifices , &
d'en apprendre les cérémonies
aux Étrangers. Le Général
Ælius-Gallus , partant d'A-
lexandrie & remontant le
Nil , avoit avec lui Chere-
mon qui profeſſoit cette ſcien-
ce ; mais ſon ignorance jointe
à beaucoup d'orgueil , le fai-
ſoit mépriſer. On fit encore
voir à Strabon des Maiſons
des Prêtres , & des appartemens où Eudoxe & Platon
avoient logé , & où ils avoient
vêcû 13. ans enſemble avec
les Prêtres.

Près d'Héliopolis il y avoit
un Obſervatoire qui avoit
ſervi à Eudoxe pour [1] obſer-

____
[1] *Strab. l. 17. pag. 807.*

ver le mouvement des Astres.

On avoit posé dans le Temple du Soleil, un miroir disposé de telle sorte que, refléchissant les rayons de cet Astre pendant tout le jour, ce Temple en étoit tout à-fait illuminé : le Vulgaire ignorant regardoit cet événément purement naturel, comme un effet de la présence sensible de la Divinité qu'il adoroit en ce lieu ; & les Prêtres seuls dépositaires du secret, profitoient habilement de la crédulité de ce peuple.

Onias, fils du Pontife Onias troisiéme, s'étant [1] retiré en Egypte, & ayant ga-

[1] *Joseph. Antiq. l.* 12. *ch.* 15.

gné les [1] bonnes graces de
Ptolomée-Philometor, & de
Cléopâtre sa femme, obtint
permission de bâtir un [2] Temple semblable à celui de Jerusalem, à l'usage des Juifs
qui étoient en Egypte. Ce
Temple qu'on appella Onion,
subsista jusqu'au tems de Ves-
pasien, qui le fit fermer par
Lupus, Préfet d'Egypte : Pau-
lin, qui lui succéda, fit ôter
tous les ornemens & toutes les
richesses qui y étoient ; il en
fit fermer toutes les portes, &
ne permit pas qu'on y fît aucun exercice de Religion.

---

1 *L.* 20. *ch.* 8. *de bello Judaic.*

2 *L.* 7. *ch.* 37. dans le Grec, ou *ch.* 30.
dans la Version lat.

Le lieu où ce Temple fut bâti, étoit à 180. stades de Memphis, qui font 22500. pas : l'Itinéraire d'Antonin compte 24000. depuis Helin, ou Héliopolis jusqu'à Memphis.

Après avoir décrit tout ce qui s'est trouvé de remarquable au Caire & dans la Plaine d'Héliopolis, je suivrai le même ordre pour celle de Memphis.

La Plaine de Memphis.

Cette Plaine comprenoit le Nome ou Gouvernement de ce nom, à cause de Memphis, nommée en Hebreu Moph,

& en Arabe Manof : quel-
ques-uns tirent fon nom de
l'Egyptien Momphta, eau du
Seigneur.

Cette Ville , le féjour des
Pharaons, étoit à l'Occident
du Nil , autrefois une des plus
floriffantes de l'Univers ; &
dont à peine reconnoîtroit-on
la fituation , fi les Anciens
ne nous euffent confervé des
témoignages pofitifs qui la
conftatent.

Il eft étonnant que les Voyageurs, qui ont voulu s'en affu-
rer fur les lieux, ne fe foient
point accordés entr'eux : eft-
ce qu'ils n'ont pas voulu fe
donner la peine de lire les
anciens ? Ont-ils penfé qu'il

leur fuffiroit de donner leurs conjectures, fans les appuyer d'aucunes preuves ? N'ont-ils eu d'autre deffein, que de fingularifer leur opinion? autrement il ne feroit gueres poffible de fe tromper fur la véritable fituation de cette Ville.

J'ai fait voir que ceux qui l'ont placée où eft le Caire, n'ont aucun témoignage en leur faveur. Le P. Sicard, qui veut qu'elle foit la même que Giza, n'eft pas mieux fondé : il eft contraire à Herodote, à Strabon, & à tous les anciens. M. Maillet a très-bien conjecturé que Manof pourroit être un refte de Memphis, mais comme il n'a appuyé son sentiment d'aucunes preuves tirées des Anciens, & qu'il n'a discuté aucun des faits qui auroient servi à le confirmer, j'ai crû faire plaisir aux Savans, d'ajouter aux descriptions que les Anciens nous en ont données, les observations que j'ai faites sur les lieux; & qui, comme je crois, acheveront de les convaincre, qu'on ne peut placer ailleurs qu'à Manof & dans ses environs, les ruines de Memphis.

Pour établir ce sentiment, je raporterai ce qu'en ont écrit Herodote, Diodore, Strabon, Pline, & les autres: je commencerai par le premier de ces Historiens, qui assûre d'après

les Prêtres d'Egypte, que Menés, leur premier Roi, avoit
joint Memphis par des Ponts ;
que tout le Nil couloit le long
de la Montagne Pſammius,
du côté de la Libye : que ce
Prince ayant fait élever environ à cent ſtades, ou 12500.
pas au-deſſus de Memphis,
une Chauſſée dans l'enfoncement du fleuve du côté du
Midi, il avoit deſſéché l'ancien cours du Nil, après en
avoir détourné les eaux pour
les faire couler au milieu des
Montagnes. Herodote ajoû-
te que, de ſon tems, il y
avoit à ce détour du Nil,
qui eſt fort reſſerré en cet endroit, une bonne garde que

les Perses y entretenoient pour réparer tous les ans la Chaussée : car il y auroit beaucoup à craindre que, si le fleuve venoit à la rompre, il ne rendît inutiles les travaux de ce premier Roi d'Egypte ; & que le terrain où Memphis avoit été bâtie, ne fût de nouveau submergé.

Ce même Roi avoit fait creuser hors de cette Ville, un Lac pour y recevoir les eaux du Nil, du côté du Nord & de l'Occident ; car ce fleuve étoit resserré du côté de l'Orient.

Ailleurs il dit que la Montagne qui domine Memphis, n'a que des sables ; que les Pyramides font près de cette Ville, qui eft fituée au pied des Montagnes qui regardent l'Afrique.

Diodore dit que le Fondateur de Memphis, qu'il nomme Uchoreus & Herodote, Menés, choifit la fituation la plus commode au-deffus du lieu, où le Nil fe partageant en plufieurs canaux, forme le Delta, & commande l'entrée de ce fleuve. Il lui donna 150. ftades, ou 78750. pas de tour : pour la défendre des inondations, il fit élever des terres qui la bordoient entierement du côté du Midi, & qui fervoient de digue contre le fleuve, & de rempart contre

les ennemis ; des autres côtés
il fit creuser un Lac très-vaste
& profond , qui recevant les
eaux du fleuve , & remplis-
sant tout le lieu autour de la
Ville où la Chaussée étoit
construite , faisoit de Memphis une place extrêmement
forte. Le séjour en devint si
sain & si délicieux , que la
plûpart des Rois d'Egypte ,
ses successeurs , ayant abandonné Thebes , tinrent leur
Cour à Memphis , où ce Prince fit bâtir des Palais superbes.

Strabon dit qu'il y avoit un
Temple à Venus , & le Sera-
pion , où les sables amassés par
les vents , formoient des colli-
nes. On voyoit des Sphinx ,
dont

dont les uns étoient enfevelis jufqu'à la tête ; & d'autres dont on n'appercevoit que la moitié : c'étoit une Ville grande, peuplée, remplie d'étrangers ; & la feconde après Alexandrie. Sur une hauteur qui alloit en defcendant jufqu'à Memphis , & au pied de laquelle cette Ville étoit fituée, on trouvoit les ruines de plufieurs Palais ; & il y avoit dans fon voifinage une petite forêt dont les arbres , felon Pline , [1] étoient fi gros, qu'un feul n'auroit pu être embraffé par trois hommes. Il y avoit des Lacs aux environs ; & à 40. ftades ou 10000. de cette

[1] *Plin. l.* 13. *ch.* 10.

Ville, il y avoit une Montagne où étoient plusieurs Pyramides, le Sépulchre des Rois : trois de ces Pyramides étoient célebres ; & l'on en avoit mis deux au rang des sept merveilles.

Le même Strabon, parlant de Babylone, dit que de-là on voyoit à découvert les Pyramides situées dans la Contrée ultérieure, près de Memphis, Capitale de l'Egypte, qui étoit à trois schœnes du Delta, qui font 15000. pas. C'est la même distance marquée par Pline, [1] qui, dans un autre passage, compte 7500. pas depuis cette Ville jus-

____

[1] *Plin. l. 5. ch. 9. & l. 36. ch. 12.*

qu'aux Pyramides, qui, selon
le même Auteur , étoient à
un peu moins de 4000. du
Nil , entre Memphis & le
Delta.

L'Itinéraire d'Antonin compte 12000. depuis cette Ville
jusqu'à Babylone.

Nous établirons par tous
ces témoignages, que Mem-
phis ne peut avoir eu d'autre
situation que celle où est à
présent Manof & ses envi-
rons.

1°. Cette Ville , selon tous
les Anciens , étoit à l'Occident du Nil : Herodote &
Strabon assurent qu'elle étoit
située au pied d'une montagne sablonneuse ; Manof est à

l'Occident du fleuve, au pied de cette même montagne. A l'entrée de la Plaine des Momies, au Nord, de laquelle font les Pyramides, la quantité de ruines qui fe voyent en cet endroit, ne donnent pas lieu d'en douter.

2°. Il paroît, felon Pline, que cette Ville étoit au Midi, & à 7500. pas des Pyramides : c'eft la même pofition & la même diftance de Manof aux Pyramides.

3°. Pline comptoit depuis Memphis jufqu'au Delta 15000 & Strabon trois fchœnes, qui font 120. ftades, ou 15000. c'eft à peu près le même éloignement de Manof au Delta.

4°. Il y avoit dans son voisinage plusieurs Lacs qui subsistent encore aujourd'hui dans les environs de Manof.

5°. Selon Strabon on voyoit sur une hauteur, des ruines de ses anciens Palais : on remarque encore aujourd'hui quelques petits monticules de ces ruines dans les environs de Manof.

6°. Le même Strabon dit qu'il y avoit proche de Memphis une petite forêt que l'on voit encore près de Manof.

7°. Cette Ville étoit dans la Contrée au-delà de Baby-lone, selon Strabon, & à 12000. de cette derniere Vil-le, selon l'Itineraire d'Antonin : cette situation ne peut convenir qu'à Manof.

8°. Il y avoit à l'Occident de Memphis une grande Plaine qui servoit de sépulture aux habitans de cette Ville : c'est la Plaine des Momies, qui est à l'Occident de Manof.

9°. Le Lac Moeris étoit à l'Occident de Memphis ; celui de Fioumé, qui en fait partie, se trouve à l'Occident de Manof.

10°. Le Juif Benjamin, qui florissoit dans le douziéme siécle, assure que les ruines de l'ancienne Mitz-raim où Memphis, avoit de son tems environ 3000. de diametre : il compte deux parasanges de cette ancienne Mitz-raim à la nouvelle. Il ajoûte qu'on voyoit des vestiges de ses anciens murs & de ses maisons, & plusieurs greniers de Joseph : il y avoit encore hors de cette Ville, une Synagogue de Juifs très-ancienne. Si la parasange se prend pour 40. stades, la distance entre l'ancienne Mitz-raim & la nouvelle, étoit de 10000. distance qui ne permet pas de placer ailleurs qu'à Manof, les ruines de l'ancienne Memphis.

Tant de preuves multipliées suffisent pour dissiper tous les doutes que l'on pourroit se former sur la véritable situation de Memphis : je suis surpris que le P. Sicard, qui d'ailleurs étoit un savant Religieux, & très-bien instruit des antiquités Egyptiennes, ait avancé que Giza étoit l'ancienne Memphis.

1°. Le Bourg de Giza n'est séparé du Caire, que par le Nil, sur le bord duquel il est situé ; & sembleroit plutôt être un Fauxbourg du Caire, qu'un lieu détaché : Memphis au-contraire étoit, selon l'Itineraire d'Antonin, à 12000. ou 4. lieues de l'ancienne Babylone, qui est incontestablement le Caire.

2°. Giza est situé dans la
Plaine

Plaine, & à plus de 3. lieues des Montagnes de Libye ; Memphis au contraire étoit au pied de ces Montagnes : il y avoit même une hauteur où Strabon avoit vu les débris de ces anciens Palais.

3°. Memphis, felon Pline, devoit être au Midi des Pyramides, & Giza eft au Nord-eft.

4°. Memphis, felon le même Auteur, étoit à 7500. des Pyramides ; Giza n'en eft pas à 4000.

5°. On ne voit ni forêts, ni monticules de ruines, ni aucun veftige dans ce Bourg & aux environs, qui dénotent qu'il y ait jamais eu de Ville confidérable ; c'eft de quoi tous les Voyageurs conviendront : il n'eft donc pas poffible que Giza foit l'ancienne Memphis.

6°. Selon Strabon, on voyoit dans la Contrée, au-delà de Babylone, les Pyramides & la Ville de Memphis, qui n'en étoit pas éloignée, & avoit le même méridien ; ce qui ne peut s'appliquer à Giza, qui n'eft féparé du Caire, que par le fleuve : car dans cette fuppofition, il faudroit que Memphis & Babylone n'euffent formé qu'une même Ville ; ce qui feroit contraire à tous les Anciens & à l'Itinéraire de Benjamin, qui met

deux parasanges entre le Caire & l'ancienne Mitz-raim.

Je ne m'arrêterai point à
décrire les magnificences de
cette superbe Ville ; le grand
nombre de descriptions qu'on
nous en a données, rendroit
mon travail inutile : il me
suffit d'avoir établi que Manof renferme aujourd'hui une
partie de ses ruines. C'est un
Bourg ou gros Village, dont
le nom est composé des mêmes lettres Arabes , qui forment celui de Memphis , à la
réserve de l'I & de l'S, qui
font des finales ajoutées. Ce
Bourg donne sa dénomina-
tion à tous les lieux circon-
voisins, que nous appellons la

Menoufie, ou la Province de Manouf, dont celle de Fioum est dépendante.

A l'Occident de Manof, on trouve Sacchara, qui en Arabe signifie rocher : ce Bourg donne son nom à la Plaine des Momies, qui peut avoir quatre grandes lieues de diamettre, & plus de 12. lieues de tour. Son fond est un rocher très-plat, qui est à cinq ou six pieds sous le sable, & dans lequel on avoit creusé des appartemens où l'on déposoit les corps des défunts : ils étoient placés debout dans des caisses où on les avoit enfermés ; ces caisses étoient de bois de sycomore,

qui ne se corompt jamais, &
n'étoient composées que de
deux pieces : la premiere, qui
renfermoit le corps, étoit profonde & creusée avec beaucoup de travail ; la seconde,
qui servoit de couverture ,
étoit parfaitement juste au
cercueil. On a trouvé quelques-unes de ces caisses avec
des yeux de verre, par où,
sans ouvrir le cercueil , on
pouvoit voir le corps de la
Momie , qui étoit renfer-
mée : on en a rencontré d'autres qui étoient doubles , ou
emboitées l'une dans l'autre.

Il est rare qu'on ait jamais
eu le corps entier d'une belle
caisse , parce que les Arabes,

qui en font la découverte, ne manquent jamais de les mettre en pieces, dans l'espérance d'y trouver quelque petite Idole d'or ; ce qui leur arrive assez souvent : ils remettent à la place le corps d'une caisse commune, où se trouve rarement des Idoles de quelque valeur.

Il y a dans quelques-unes de ces chambres, plusieurs niches, les unes grandes, les autres petites, où étoient placés les corps embaumés : souvent l'on passe d'une chambre dans une autre, d'une seconde dans une troisiéme, & quelquefois même dans une quatriéme. Il y a plusieurs

de ces corps qui font arrangés
fans avoir de niche : la plûpart font de femmes ; il y en
a très-peu d'hommes : ceux
des petits enfans font encore
plus rares. Ce font les habitans de Sacchara, qui s'occupent à la découverte des puits
ou foûterrains , qui renferment ces Momies ; & ce n'eft
qu'avec beaucoup de peine
qu'ils y réuffiffent.

Dans cette Plaine il y a
une Sépulture publique bien
digne d'être vifitée ; on l'appelle le Labyrinthe des oifeaux : on y defcend par une
ouverture à peu près femblable à celle des tombeaux ordinaires ; mais lorfqu'on eft

une fois dans la capacité de
ce lieu soûterrain , on y rencontre de longues allées assez
larges , correspondantes les
unes aux autres , & qui s'é-
tendent de tous côtés. Dans
ces allées il y a d'autres routes
à perte de vûë , qui , par des
détours sans fin , ramenent
aux premieres , qu'on a déja
parcourues : c'est un vaste Labyrinthe taillé dans le roc , à
la pointe du marteau , & dans
lequel on est obligé de porter
de la ficelle , pour ne point
s'égarer. Les allées font gar-
nies de part & d'autre , de
plusieurs petites niches , dans
lesquelles on trouve encore
des vases , des caisses de pier-

re, des pots de terre, où font toutes fortes d'oifeaux embaumés, qui fe réduifent en pouffiere auffitôt qu'on y porte la main, & dont le plumage conferve encore toute la variété, & la vivacité de fes couleurs : ce qui furprend, c'eft qu'outre la longueur du tems qu'il a fallu employer à creufer ce Labyrinthe dans le roc, on a été obligé de vuider toute la matiere qu'on en a tiré, par le trou qui lui fert d'entrée ; & qui eft la feule ouverture par où l'on ait pu la faire fortir. La pierre dans laquelle il eft taillé, eft fort dure au commencement ; mais à peine a t-on creufé trois ou quatre pieds, qu'on rencontre un lit beaucoup plus tendre; ce qui a rendu cet ouvrage plus facile. Ce lit inférieur est une espece de sable congelé, qui contribue encore à la conservation des corps qui y sont déposés.

Dans cette même Plaine on voit quelques camps des Arabes Bedouins, qui habitent sous des tentes, & dont une partie y reste toute l'année; les autres y amenent leur bestiaux, à cause des pâturages, & ensuite se retirent dans les déserts de Libye, ou dans la Haute Egypte.

A quelque distance de Manof on voit plusieurs ponts sur

le Canal qu'on nomme Acheron, si fameux dans la Fable.

Au Nord-est des Pyramides, est le Village de Tarsé, dans les environs duquel les Arabes trouvent des Colonnes, de même que vers le Sphinx. L'ancienne Busiris, dont Pline fait mention, n'en devoit pas être éloignée.

Cabaramon à deux lieues du Caire & au Nord-est des Pyramides, est un gros Village où on voit de fort beaux ponts qui traversent le Canal, & une Chaussée qui s'étend assez loin dans la Plaine, vers Giza : elle est bâtie de briques & de pierres, & paroît très-ancienne. Sur le premier de ces ponts il y a une inscription qui prouve qu'il a été bâti, ou plutôt réparé par le Prince Abou - El - Naffar-Quatabay.

Ambabe est un Bourg environ à une lieue & demie du Caire, & au Nord-ouest, sur le bord du Nil : on y fabrique des toiles, dont on fait un Commerce très-considérable ; ses pâturages fournissent le plus excellent beurre du monde.

Le Bourg de Giza n'est séparé du Caire, que par le Nil : plusieurs Grands de cette Villle y ont des Maisons de Campagne ; & ce lieu est fort peuplé. On y a construit des laboratoires pour la compofition du Natron, ou Nitre, & du fel armoniac.

Des Pyramides.

Elles ont été ainfi nommées du mot Grec .πυρ feu, à caufe qu'elles fe terminent en pointe comme la flamme.

Les modernes en comptent vingt : celles que l'on voit à l'Occident de la Plaine de Saccha ou des Momies, font en partie fur le rocher, en partie dans cette Plaine, le long de laquelle règne le même lit de rocher, fous un fable mouvant de cinq à fix pieds de hauteur. Elles n'ont pas toutes la même figure :

les unes reſſemblent à un pain de ſucre, d'autres s'élevent par une ligne qui approche plus de la perpendiculaire, & ne ſont pas ſi pointues au ſommet. Il y en a qui ont des marches ou degrés, de vingt, trente & quarante pieds de hauteur chacun : ce ſont autant de grands quarrés poſés les uns ſur les autres, & qui vont en diminuant à meſure qu'ils approchent du ſommet de la Pyramide. Les trois grandes ſont au Nord de celles-ci : il y en a deux dans le Fioum, qui ne leur ſont pas inférieures ; les autres ſont répandues dans le déſert de Libye.

Selon Pline, [1] elles ont été bâties en partie par oftentation, & en partie par politique, afin que le peuple, occupé à ce travail, ne fongeât point à fe révolter.

On ne convient pas du nom des Princes qui ont bâti les trois grandes Pyramides.

Herodote [1] dit, que la premiere & la plus grande a été bâtie par Cheops, que Diodore nomme Chemmis ; la deuxiéme par Cephrem, frere & fucceffeur de Cheops ; la troifiéme par Mycerin, fils de Cheops. Quelques Auteurs Grecs prétendent que cette

1 *Plin. l.* 36. *ch.* 12.
2 *Herod. l.* 2. *ch.* 124.

derniere fut conſtruite par la Courtiſane Rhodope.

Diodore [1] avoue que ſur ces Pyramides il y a une grande diverſité d'opinions : les uns diſent que la plus grande a été érigée par Armœus, la deuxiéme par Suar.

La premiere de ces trois Pyramides eſt ſituée ſur une eſpece de rocher, dans le déſert ſabloneux de Libye, à la diſtance d'environ un quart de mille des Plaines d'Egypte, au-deſſus deſquelles le roc s'éleve de 100. pieds.

Suivant Herodote, chaque face de cette Pyramide avoit en longueur huit pettres, ou

---

1 *Diod. l.* 1. de ſa Biblioth.

800.

800. pieds de Grece : Diodore n'en compte que 700. Strabon 625. & Pline 883.

Le premier Historien dit, que la hauteur est égale à la largeur, d'un de ses côtés ; ce qui ne pourroit être vrai par rapport à celle qui est perpendiculaire, & à laquelle les Auteurs Arabes donnent 317. draas, c'est-à-dire 528. pieds quatre pouces : & la largeur des quatre faces est de 460. draas, ou 768. pieds huit pouces.

Entre les modernes, Thevenot lui donne 520. pieds de hauteur sur une base quarrée de 682. pieds ; & le Bruyn 704. pieds. Le côté Septen-

V

trional près de la bafe, ayant été mefuré par un radiometre de dix pieds de longueur, avoit 693. pieds d'Angleterre : les autres côtés furent mefurés par un cordeau, faute d'un bon niveau, & d'endroits convenables pour placer les inftrumens. La hauteur déterminée par fa perpendiculaire, étoit de 481. pieds ; mais fi on la mefure par la ligne que la Pyramide décrit en s'élevant, elle eft égale, eu égard aux foutendantes des différents angles à la largueur de la bafe. Milord Charlemont, qui vint en Egypte dans le tems que j'y étois, me dit en avoir me-

furé la hauteur perpendiculaire; & m'affura qu'elle n'étoit
que de 444. pieds.

On monte au fommet de
la Pyramide par des efpeces
de degrés , formés par les
pierres qui la compofent :
elles font de trois à quatre
pieds d'épaiffeur. La Pyramide fe rétrécit de fa bafe environ trois pieds à chaque
pierre : la même proportion
eft toujours obfervée jufqu'au
fommet, qui ne finit pas en
pointe, mais eft terminée par
un quarré, qui devoit être
compofé de neuf pieds; mais
il y en a deux qui manquent
aux coins. On ne fauroit que
difficilement parvenir au haut

de cette Pyramide, à moins que ce ne foit du côté Méridional, ou à l'angle du Nord-eft, parccque des autres côtés les pierres font ufées par le tems & les injures de l'air: on prétend qu'elles ont été tirées des Montagnes d'Arabie, qui bornent la Haute Egypte à l'Orient. Ces pierres font fi grandes, qu'une feule forme la largeur & la profondeur de chaque degré, qui font au nombre de 207. ou 208.

Pour l'intérieur de la Pyramide, les Anciens n'en ont abfolument rien dit. Herodote affure qu'il y a des voûtes foûterraines dans la hauteur, sur laquelle là Pyramide est fondée : il ajoûte que Cheops y fit conduire l'eau du Nil, pour y faire une petite Isle, dans laquelle devoit être son sépulchre. Strabon parle d'une entrée oblique, qu'on peut voir en ôtant une pierre qui la couvre ; & Pline d'un Puits de 86. coudées de profondeur, dans lequel il suppose que l'eau du Nil étoit amenée par des conduits soûterrains.

On entre dans la Pyramide par un passage étroit & quarré, qui s'ouvre vers le milieu de la face Septentrionale, à la seiziéme pierre, sur une hauteur artificielle formée par des sables , par des petits monceaux de pierre de marbre , & de tout ce qui a été employé à la construction de la Pyramide.

Son entrée, au - dessus de laquelle est une pierre de 12. pieds de longueur, & de plus de huit de large , a environ trois pieds en quarré sur une longueur en pente de cent pieds , au bout de laquelle il y a un passage très-difficile , & embarrassé de sables que l'on fait nétoyer par des Arabes , lorsqu'on veut pénétrer plus avant. Au sortir de ce trou on trouve un petit vestibule , au fond duquel on s'éleve sur la roche, à la hauteur d'environ quatre ou cinq pieds, pour entrer dans un second conduit qui va, en remontant insensiblement, dans la longueur de cinq pieds, dont la largeur est d'environ cinq pieds, & à peu près autant de hauteur. Le pavé est d'un marbre poli blanc ; les côtés & le haut, sont d'une pierre moins unie & moins dure que celles du pavé. Au sortir de ce conduit est une petite esplanade qui mene à deux autres passages : l'un à droite conduit au Puits, dont Pline fait mention, qui est presque bouché par des ruines, & n'a plus que vingt pieds de profondeur. Je descendis jusqu'au fond , & je trouvai à côté un paſſage , où à peine fus-je entré ſept à huit pieds , que la reſpiration me manqua ; de ſorte que je n'oſai aller plus avant. Sitôt que je fus remonté , je ſuivis un ſecond paſſage , à la gauche du premier , qui a les mêmes dimenſions , dont les pierres ſont fort maſſives , & parfaitement bien jointes enſemble. Ce paſſage va toujours de niveau pendant l'eſpace de 110. pieds, & conduit à une chambre à moitié remplie de débris , & dans laquelle on ſent une oleur de cadavres : à un peu moins de vingt pieds de long environ , dix - ſept de

large ,

large, & pas tout-à-fait quinze de haut, les murailles en font entieres, & enduites de chaux ; le haut eft couvert de plufieurs grandes pierres unies, qui font féparées les unes des autres par le bas, mais dont les parties fupérieures forment un angle, en fe rencontrant.

Si l'on retourne en arriere, à travers le paffage horizontal, on monte par-deffus, & on entre dans l'autre Galerie à la gauche, féparée de la premiere Galerie, par la muraille dans laquelle eft l'entrée qui mene au paffage, dont nous venons de faire mention. Cette deuxiéme Ga-

X

lerie eſt une magnifique piece
qui ne céde à quelque bâtiment que ce ſoit, ni du côté
de l'art , ni du côté de la
richeſſe des matériaux : elle
s'éleve en formant un angle
de vingt-ſix degrés ; ſa longueur eſt de 154. pieds, depuis le Puits, qui eſt au deſſus , mais un peu moins , ſi
on la meſure par le pavé ; la
hauteur en eſt de vingt-ſix
pieds. Il y a deux bancs de
pierre de chaque côté de la
muraille & près de l'angle ,
où ils ſont joints avec elle ,
il y a de petits eſpaces taillés
en rectangles paralleles , &
placés de chaque côtés vis-à-
vis les uns des autres. La pier-

re de cette Galerie eſt un marbre blanc poli, taillé en grandes tables, qui ſont ſi bien jointes enſemble, qu'il faut avoir la vûë très-bonne, pour appercevoir l'endroit où elles ſe joignent. Ce qui augmente la beauté de cet ouvrage, quoique par-là le paſſage ſoit rendu plus difficile & plus gliſſant, c'eſt qu'il faut y aller en montant ; mais on a fait des trous dans le pavé, qui ſont éloignés les uns des autres, d'environ ſix fois la largeur de la main, dans leſquels on peut mettre le pied pendant qu'on ſe tient au banc d'une main. La maniere dont les tables de marbre ſont rangées des deux côtés de la muraille, forme une charmante piece d'architecture : tous les rangs au nombre de sept, avancent l'un par-deſſus l'autre, de la valeur d'environ trois pouces, le bas du rang supérieur, ſurpaſſant la partie inférieure du rang qui eſt immédiatement au - deſſous, & ainſi de ſuite en descendant.

Quand on a paſſé par cette admirable Galerie, on entre dans une autre ouverture quarrée, qui a les mêmes dimenſions que la précédente, & qui mene à deux petites antichambres ou cabinets, conſtruits d'une eſpece de marbre de Thebaïde. Le premier de ces cabinets est presque semblable à l'autre, qui est d'une figure oblongue , un des côtés ayant sept pieds, & l'autre trois & demi : la hauteur est de dix pieds , & le pavé uni aux côtés qui sont à l'Orient & à l'Occident, a deux pieds & demi du plafonds , qui est un peu plus large que le bas. Il y a trois enfoncemens ou petits siéges, dont les bords sont faits en demi cercle.

L'antichambre intérieure est séparée de la premiere par une pierre de marbre rouge & tachetée, qui prend dans deux mortaises , entre deux murailles, plus de trois pieds.

X iij

au - deſſus du pavé, & à la diſtance de deux pieds du platfonds.

De ces deux cabinets on entre dans une autre ouverture quarrée, au-deſſus de laquelle on apperçoit cinq lignes paralleles & perpendiculaires : c'eſt tout ce qu'on voit de ſculpture dans la Pyramide. Xiphilin, dans Auguſte, dit que Cornelius ou Elius-Gallus, y avoit fait graver ſes Victoires.

Ce paſſage quarré eſt de la même largeur que le reſte, & a environ neuf pieds de longueur ; il eſt par tout couvert de marbre de Thebaïde admirablement bien mis en œu-

vre, & conduit au bout Septentrional d'un appartement
magnifique & bien propor-
tionné. La diſtance du bout de
la deuxiéme Galerie, juſqu'à
cette entrée qui va toujours
de niveau, eſt de vingt-quatre pieds : cette magnifique
& vaſte chambre, que l'art &
la nature ont embellie également, eſt dans le centre de
ces Pyramides, également
éloigné de tous les côtés, &
preſqu'au milieu entre la baſe
& le ſommet. Les pavés, les
côtés & le haut, ſont de marbre de Thebaïde, noirci par
les torches que l'on eſt obligé
d'y porter faute de jour : environ ſix rangs de pierre, tous

six égaux en hauteur, en font le tour. Ces pierres font d'une prodigieuse longueur, femblables à autant de grandes Colonnes qui feroient étendues de leur long, d'un bout de la chambre à l'autre : neuf de ces Colonnes couvrent le haut. La longueur du côté Méridional de la chambre, exactement mefurée à l'endroit où le premier & le deuxiéme rang de pierre fe joignent, eft de trente-quatre pieds d'Angleterre : la longueur du côté Occidental eft de dix-fept pieds, & la hauteur de dix - neuf pieds & demi.

Dans ce fuperbe appartement est le monument du Prince qui a fondé la Pyramide : il est d'une pierre de marbre creusée en dedans, ouverte par le haut, & qui, lorsqu'on frappe contre, rend un son pareil à celui d'une cloche. Il est de la même sorte de pierre dont tout l'appartement est couvert.

La figure du tombeau est comme un Autel, ou deux cubes bien joints ensemble : les surfaces en sont fort unies, & l'on n'y trouve aucune marque de sculpture. La superficie extérieure a en longueur sept pieds trois pouces & demi, & en profondeur trois pieds trois pouces & trois

quarts : aux côtes de la chambre , qui regardent le Midi &
le Nord , il y a deux entrées
vis - à - vis l'une de l'autre.

Ce qui reste à observer est
l'écho qui répéte le même son
quatre ou cinq fois , selon
Plutarque ; [1] mais la répéti-
tion s'en fait fort distincte-
ment jusqu'à dix ou douze
fois.

Herodote [2] dit que Cheops
employa à chaque trois mois
cent mille hommes, tant pour
tirer les pierres des Montagnes d'Arabie & les conduire
jusqu'au Nil , que pour les
transporter depuis le fleuve

<hr>

[1] *Plut. de plautis philosop. l. 4. ch. 20.*
[2] *Herod l. 2. ch. 124.*

jufqu'aux Montagnes de Libye : Diodore en compte 360000. & Pline 366000. ils y travaillerent pendant vingt ans. Il y avoit une Infcription, à préfent effacée, qui marquoit combien il en avoit coûté en raves, en oignons & en ails, pour les Ouvriers, montant à 1600. talens d'argent. Une chofe digne d'être obfervée dans la premiere Pyramide, eft que les côtés en font tournés vers les quatre parties du monde, & marquent par conféquent le vrai Méridien de l'endroit, pofition qui ne fauroit être l'effet du hazard, & qui prouve que les Egyptiens ont fait de bonne heure de grands progrès dans l'Aftronomie.

Le même Roi Cheops, felon Herodote, avoit fait confttruire une Chauffée pour conduire depuis le Nil juf-qu'aux Montagnes de Libye, les pierres qu'on avoit tirées des Montagnes d'Arabie. Cette Chauffée avoit cinq ftades de longueur : la ftade comprenoit fix plethres, felon cet Auteur, & chaque plethre cent pieds ; ainfi les cinq ftades faifoient 3000. pieds de Grece. La largeur étoit de dix Orgies, qui font foixante pieds, & la plus grande hauteur étoit de huit : la pierre en étoit polie & fculptée d'animaux.

Cet ouvrage auquel le peuple avoit été employé pendant dix ans, ne le cédoit gueres à la construction de cette Pyramide.

On voit encore les vestiges de cette Chauffée du côté du Levant, où le terrain s'étend beaucoup plus que vers le Nord ; & à l'extrêmité on remarque une élévation de grosses pierres, qui s'étend le long de la Plaine en allant au fleuve. Un Auteur Arabe dit qu'elle étoit pavée de marbre granite : il ajoûte que des colonnes de même marbre, élevées des deux côtés de la Chauffée, soutenoient une voûte qui mettoit à couvert des ardeurs du Soleil, ceux qui partoient de l'extrêmité de ce superbe Portique, pour venir visiter la Pyramide, près de laquelle, vers le Midi, est la seconde qui n'est pas si grande que l'autre, selon Herodote ; mais il n'en a pas donné les dimensions. Elles sont, dit-il, égales pour la hauteur : selon Diodore, l'architecture des deux Pyramides est la même ; mais pour la grandeur la premiere l'emporte de beaucoup sur la seconde, chaque côté de la base de celle-là ayant 700. pieds en longueur, c'est-à-dire 100. pieds de plus que les côtés de la base de l'autre.

Thevenot ne lui donne que 631. pieds en quarré. Elle n'a point d'entrée : elle est bâtie de pierres blanches pas si grandes que celles de la premiere. Les côtés en font sans degrés, & par-tout unis : cet ouvrage, hormis le côté qui est opposé au Midi, paroît fort entier & sans aucune breche.

A l'Orient, & à plus de 300. pas de cette Pyramide, on voit le Sphinx que les gens du pays nomment Abou-Ehoul, c'est-à-dire le Pere puissant : c'est une tête de femme antée sur un corps de lion, couché sur son ventre. On lui a cassé le nez : le corps a été gâté par la lon-

gueur des années ; on en voit
feulement aujourd'hui la figure , dont le bas eſt enſeveli
fous les fables ; ſa tête a plus
de 35. pieds. Ce Sphinx étoit
un ſymbole de ce qui ſe paſſe
en Egypte ſous les ſignes de
la Vierge & du Lion , durant
leſquels le Nil ſe déborde, &
rend par ſon inondation , l'E-
gypte fertile & habitable.

Au Nord & à l'Occident
de cette deuxiéme Pyramide ,
ſe voyent deux pieces d'architecture très-magnifiques &
très-bien travaillées , d'environ 30. pieds de profondeur,
& de plus de 1400. en longueur, taillées perpendiculai-
rement dans le roc. Ces bâtimens

mens font paralleles aux deux côtés de la Pyramide que nous venons d'indiquer à une diftance convenable, & forment un angle droit en fe joignant, ce qui fait un très-bel effet. On y entre par des ouvertures quarrées, faites dans le roc, dont plufieurs font de la même grandeur que les paffages étroits de la même Pyramide, & dont chacun conduit dans une chambre quarrée, à laquelle le rocher naturel fert de voûte. Dans la plûpart de ces chambres il y a un paffage par où l'on entre dans quelqu'autre appartement ; mais ces paffages font obfcurs & pleins de ruines : au côté Septentrional , par dehors , on voit une ligue gravée en caracteres facrés.

La troifiéme Pyramide eft à la diftance d'environ une ftade de la deuxiéme, fur une efpece de rocher ; ce qui, de loin , la fait paroître égale à celle-ci , quoique moins grande & moins haute. Herodote donne à chaque côté 300. pieds, & dit que jufqu'au milieu elle eft bâtie de marbre d'Ethiopie : Diodore donne les mêmes dimenfions de la bafe, & ajoûte qu'elle furpaffe les deux autres pour la beauté de fa ftructure & du marbre. Sur le côté, vers le Nord, eft gravé le nom de Mycerin , ſon Fondateur : Pline dit la même choſe , hormis qu'il fait la longueur de cette Pyramide entre ſes angles de 363. pieds. Elle paroît être d'une pierre blanchâtre plus belle , & ayant un peu plus d'éclat que celle dont les deux autres Pyramides ſont conſtruites : à la vérité on voit du côté Oriental de la Pyramide, les ruines de pluſieurs bâtimens, d'une couleur brune & obſcure, ce qui a pu tromper.

A quelques pas de la ſeconde Pyramide, on découvre les reſtes d'un Temple , qui en occupoient preſque toute la face ; mais ceux que

l'on voit tout près de la troisiéme Pyramide , sont beaucoup plus entiers. On trouve
quatre piliers qui sans doute
soutenoient une voûte dont
l'Idole étoit couverte , & on
tournoit autour de ces piliers
comme par une espece de collatérale : les pierres dont ces
Temples étoient bâtis, avoient
27. pieds de long sur 18. de
large , & quatre d'épaisseur.
C'est à leur grosseur énorme
qu'on est redevable de ce qui
en reste : ces pierres étoient
revêtues de marbre granite ;
on en a trouvé quelques morceaux entiers qui étoient colés
par des mastics. Il y a aussi plusieurs autres débris de forme

quarrée aux environs, & qui pourroient être les reftes de Temples & de bâtimens, que les Fondateurs des Pyramides avoient fait élever pour les Prêtres qui devoient y pratiquer les cérémonies de la Religion.

La quatriéme Pyramide qui mérite une defcription particuliere, eft fituée près de la Plaine des Momies : elle eût égalé en beauté la premiere, fi elle eût été achevée. Elle a 148. degrés faits de grandes pierres comme la premiere : la platte-forme n'en eft pas égale. Comme les pierres ont été mifes enfemble fans ordre, elles font entierement ufées,

& presque réduites en sable. Cette Pyramide a 643. pieds en quarré, & à son entrée, à la quatriéme partie de sa hauteur, au côté Septentrional, comme la premiere, étant éloignée du côté Oriental, de 316. pieds, & par conséquent de 327. du côté Occidental, il n'y a qu'un passage pour y entrer, de la largeur de trois pieds & demi, & de la hauteur de quatre pieds, lequel s'étendant vers le bas jusqu'à la distance de 267. pieds, se termine à une Salle qui a 25. pieds & demi en longueur & 11. en largeur. Dans le coin de la Salle il y a un autre passage ou Galerie

parallele , à l'horiſon , ayant
en dedans trois pieds en quarré , & neuf pieds & demi en
longeur , qui mene à une autre chambre de la longueur de
21. pieds , & de la largeur de
11. laquelle auſſi-bien que la
Salle , eſt couverte par une
haute arcade , & au bout Occidental eſt une fenêtre élevée;
à l'égard de la porte, ſa hauteur
eſt de 24. pieds deux tiers ,
par laquelle on peut entrer
dans un paſſage raiſonnable-
ment large & de la hauteur
d'un homme, parallele à l'horiſon, & ayant en longueur 13
pieds deux pouces, il y a une
grande Salle au bout de ce paſſage , dont le haut eſt fait en

arcade, & qui a 26. pieds huit
pouces en longueur , & en
largeur 24. pieds un pouce.
Le pavé en eft formé par le
rocher même qui eft par-tout
rude & inégal , laiffant feulement un petit efpace uni vers
le milieu qui eft beaucoup
plus bas que l'entrée de la
Salle, ou que les fondemens
de la muraille.

FIN.

APPROBATION.

J'Ai lû par l'ordre de Monseigneur le Chancelier, un Manuscrit qui a pour titre : *Description Historique & Géographique des Plaines d'Héliopolis & de Memphis :* & je crois que le Public recevra avec satisfaction l'ouvrage de l'héritier du nom des sçavans Messieurs Fourmont. A Paris le 11 Septembre 1753.

PHILIPPE DE PRETOT.

PRIVILEGE DU ROI.

LOUIS, par la Grace de Dieu, Roi de France & de Navarre, A nos amés & feaux Conseillers les Gens tenans nos Cours de Parlement, Maître des Requêtes ordinaires de notre Hôtel, Grand-Conseil, Prevôt de Paris, Baillifs, Sénéchaux, leurs Lientenans Civils, & autres nos Justiciers qu'il appartiendra, Salut : Notre amé le Sieur FOURMONT, Interprête en nôtre Bibliothéque, pour les langues Orientales, Nous a fait exposer qu'il desireroit faire imprimer & donner au Public un Ouvrage, qui a pour titre : *Description Historique & Géographique des Plaines*

Z

d'Héliopolis. S'il nous plaisoit lui accorder nos Lettres de Permission pour ce nécessaires. A CÉS CAUSES, voulant favorablement traiter l'exposant, Nous lui avons permis & permettons par ces Présentes, de faire imprimer ledit Ouvrage, autant de fois que bon lui semblera, & de le faire vendre & débiter par tout notre Royaume pendant le tems de *trois* années consécutives, à compter du jour de la datte des Présentes. Faisons défenses à tous Imprimeurs, Libraires & autres personnes, de quelque qualité & condition qu'elles soient d'en introduire d'impression étrangere dans aucun lieu de notre obéissance ; à la charge que ces Présentes seront enregistrées tout au long sur le Registre de la Communauté des Imprimeurs & Libraires de Paris, dans trois mois de la datte d'icelles ; que l'impression dudit Ouvrage sera faite dans notre Royaume, & non ailleurs, en bon papier & beaux caracteres, conformément à la feuille imprimée, attachée pour modéle sous le contre-scel des Présentes ; que l'Impétrant se conformera en tout aux Réglemens de la Librairie, & notamment à celui du 10 Avril 1725. Qu'avant de l'exposer en vente, le Manuscrit qui aura servi de copie à l'impression dudit Ouvrage, sera remis dans le même état où l'Approbation y aura été donnée, ès mains de notre très-cher & féal Chevalier, Chancelier de France, le Sieur DE LA MOIGNON, &

qu'il en fera enfuite remis deux exemplaires dans notre Bibliothéque publique, un dans celle de notre Château du Louvre, un dans celle de notre très-cher & féal Chevalier, Chancelier de France, le Sieur DE LA MOIGNON, & un dans celle de notre très-cher & féal Chevalier Garde des Sceaux de France, le Sieur DE MACHAULT, Commandeur de nos Ordres: le tout à peine de nullité des Préfentes. Du contenu defquelles vous mandons & enjoignons de faire jouir ledit Expofant ou fes ayans caufes, pleinement & paifiblement, fans fouffrir qu'il leur foit fait aucun trouble ou empêchement. Voulons que la copie des Préfentes, qui fera imprimée tout au long au commencement ou à la fin dudit Ouvrage, foi foit ajoutée comme à l'Original. Commandons au premier notre Huiffier ou Sergent fur ce requis, de faire pour l'exécution d'icelles tous actes requis & néceffaires, fans demander autre permiffion, & nonobftant clameur de Haro, Charte Normande, & Lettres à ce contraires : Car tel eft notre plaifir. DONNE' à Verfailles le onziéme jour du mois de Janvier, l'an de grace mil fept cent cinquante-quatre, & de notre régne le quarantiéme. Par le Roi en fon Confeil.

PERRIN.

Regiftré fur le Regiftre XIII. de la Chambre Royale & Syndicale des Libraires & Imprimeurs de Pa-

ris , N. 466. fol. 357. conformément au Réglement de 1723. qui fait deffenses , Art. 4. à toutes personnes de quelque qualité & condition qu'elles soient, autres que les Libraires & Imprimeurs , de vendre, débiter & faire afficher aucuns Livres pour les vendre en leurs noms , soit qu'ils s'en difent les Auteurs ou autrement ; & à la charge de fournir à la susdite Chambre neuf Exemplaires prescrits par l'Article 108. du même Réglement. A Paris le 14. Janvier 1755.

DIDOT , Syndic.

De l'Imprimerie de C. F. Simon , Imprimeur de la Reine & de l'Archevêché. 1755.